十字路口的明朝

赵现海 著

天地出版社 | TIANDI PRESS

图书在版编目（CIP）数据

十字路口的明朝/赵现海著.—成都：天地出版社，2021.9
ISBN 978-7-5455-6458-7

Ⅰ.①十… Ⅱ.①赵… Ⅲ.①中国历史—研究—明代 Ⅳ.①K248.07

中国版本图书馆CIP数据核字（2021）第141060号

SHIZI LUKOU DE MINGCHAO
十字路口的明朝

出 品 人	陈小雨　杨　政
作　　者	赵现海
责任编辑	贾启博
装帧设计	左左工作室
责任印制	董建臣

出版发行	天地出版社
	（成都市槐树街2号　邮政编码：610014）
	（北京市方庄芳群园3区3号　邮政编码：100078）
网　　址	http://www.tiandiph.com
电子邮箱	tianditg@163.com
经　　销	新华文轩出版传媒股份有限公司

印　　刷	北京文昌阁彩色印刷有限责任公司
版　　次	2021年9月第1版
印　　次	2022年1月第2次印刷
开　　本	889mm×1194mm　1/32
印　　张	9.25
字　　数	185千字
插　　页	16P
定　　价	68.00元
书　　号	ISBN 978-7-5455-6458-7

版权所有◆违者必究

咨询电话：（028）87734639（总编室）
购书热线：（010）67693207（营销中心）

如有印装错误，请与本社联系调换

明朝皇帝列表

庙号/谥号	姓名	年号
太祖	朱元璋	洪武（1368—1398）
惠帝/恭闵帝	朱允炆	建文（1399—1402）
成祖	朱棣	永乐（1403—1424）
仁宗	朱高炽	洪熙（1425）
宣宗	朱瞻基	宣德（1426—1435）
英宗	朱祁镇	正统（1436—1449）
		天顺（1457—1464）
代宗/景帝	朱祁钰	景泰（1450—1456）
宪宗	朱见深	成化（1465—1487）
孝宗	朱祐樘	弘治（1488—1505）
武宗	朱厚照	正德（1506—1521）
世宗	朱厚熜	嘉靖（1522—1566）
穆宗	朱载垕	隆庆（1567—1572）
神宗	朱翊钧	万历（1573—1620）
光宗	朱常洛	泰昌（1620）*
熹宗	朱由校	天启（1621—1627）
毅宗/庄烈帝	朱由检	崇祯（1628—1644）

* 光宗于1620年八月即位，九月病逝，在位不足一月，泰昌年号只在八月至十二月使用。

目 录

引言 //001
一　贫寒天子与明朝"国运" //011
二　最后的丞相 //025
三　朱棣的"盛世" //039
四　郑和的"绝唱" //053
五　内阁的崛起 //067
六　多面的宦官 //081
七　未再重演的南迁 //099
八　从"土木"到"夺门" //113
九　河套危机与长城时代 //129
十　王阳明与马丁·路德 //149
十一　"大礼议"中的君臣角力 //163
十二　"倭寇"与"板升" //185
十三　不上朝的皇帝 //199
十四　"三案"与党争 //213
十五　繁荣中的困境 //231

十六　明末大瘟疫的元凶 //245
十七　"天"亡大明 //261

注释 //273
参考文献 //285

引言

近代世界的起点

以往人们一般将文艺复兴、大航海时代、宗教改革、工业革命甚或法国大革命等，视作近代世界的起点。但这是已经受到普遍批判的"西欧中心论"的看法。人类历史发展，不是某一种文明的独力所为，而是多种文明的合力推动。在近代世界的起源问题上，同样如此。近代世界的主体力量，并非西欧一种文明，同样还包括阿拉伯文明、俄罗斯文明和中华文明。正是这四种文明的角逐，而非西欧文明的一枝独秀，才构成了近代世界的整体图景。

蒙古帝国的瓦解，为四种文明的竞逐画出了同一起跑线。蒙古帝国像一阵历史的狂风，席卷了亚欧大陆，突破了以往不同文明区域交流的模式，首次将亚欧大陆联系在一起。有鉴于此，日本学者冈田英弘、杉山正明将蒙古帝国的建立视作世界史的开端、全球化的开始。但蒙古较少的人口、落后的文化，使统治者无法对被征服文明开展整体性、深层次的文明整合，而是采取融入被征服文明、因俗而治的被动管理模式。这便使得蒙古帝国虽然疆域辽阔,但内部松散,元朝和四大汗国之间,缺乏实质性的政治合作。14世纪中期,一场蔓延于亚欧大陆的瘟疫,极大地削弱了蒙古帝国的统治根基,面对被征服民族的反抗,蒙古帝国逐渐土崩瓦解。可见,蒙古帝国为新时代拉开了序幕,却不是开辟未来的掌舵人。掌控历史的,仍然是他们南面的邻居,更为发达的农商文明。

蒙古帝国的瓦解,为中华文明、阿拉伯文明的复兴提供了历史空间,为西欧文明解除了长期威胁,为俄罗斯文明的整合与形成提供了历史前提,四种文明从此开始复兴、崛起,纷纷竞逐于蒙古帝国瓦解后的权力空间,构成了近七百年世界历史的基本脉络和整体图景,标志着近代世界的开端。如果要为这一事件寻找一个具体时间点的话,蒙古帝国的宗主国元朝灭亡的1368年,可以作为合适的标志。也就是说,元朝的灭亡,明朝的建立,开启了近代世界。

可见,明朝与以往中国的任何朝代,都有所不同,明朝已不再仅属于中国,还属于世界。近代世界的暴风骤雨,已经开始冲刷这个古老的文明,虽然明人对此尚无明确的认识,但早期全球化的历史进程,已经在整体上开始影响、冲击这个传统的帝国。

但另一方面,独处于东亚相对封闭的地理空间里的中国,长期远离亚欧大陆交界地区的纷攘喧嚣,在广阔而富饶的地理空间中，依托优越的生态环境，保持了长期的经济领先，建立起庞大的国家体系，推动了文化的繁荣发展，从而形成了独具特色的历史道路和发展模式。外来的文化冲击，对于具有悠久传统、庞大疆域、多种文化的中国而言，会在无形之间被悄然稀释淡化，难以推动国家完成自上而下的整体动员。

西欧文明、阿拉伯文明、俄罗斯文明在近代激烈的变革、竞争的潮流中，为了生存并壮大，顺应这种变化趋势，努力开展自上而下的国家动员。西欧不同规模的政权，通过构建起具有认同感的"民族"观念，建立起民族国家，走出了封建割据的状态，摆脱了罗马教皇的控制，推动了资本主义的产生，开启了全球扩张和海外殖民的历史进程。奥斯曼帝国与帖木儿帝国及其后裔通过将"圣战"意识与游牧民族骑战风气相结合，推动伊斯兰文明在亚欧非腹地疯狂扩张，成为早期全球化东西交流的中介和使者。莫斯科公国继承了蒙古帝国广阔的疆域视野和政治上的威权制度，在很短的时间内，吞并、整合了数百个罗斯部落，建立起崭新的俄罗斯文明。从地理位置、疆域观念、扩张方式等方面来看，俄罗斯文明在相当程度上成为游牧族群在近代世界的继承者。

孤处东亚的明朝，在国家动员上呈现出"有限动员"的保守特征。一方面，明朝在政权规模上，并未像其标榜的"驱逐胡虏"，而是努力接管元朝旧有的广阔疆域和多种族群，开展复合政权的建设；另一方面，在政权宗旨上，明朝努力"恢复中华"，虽然掌握着当时世界上强大的陆军、水军力量，但放弃了蒙古帝国的世界取向，而是满足于在亚洲尤其是东亚恢复起以中国为核心与主宰的"中华亚洲秩序"，在疆域政策上呈现出内敛的取向。

在早期全球化的历史潮流中，与以上文明采取国家支持对外贸易与扩张的方式不同，明朝放弃了元代发达的海外贸易和商税政策，恢复传统的朝贡贸易和农业财政，长期采取了禁止海外贸易的"海禁"政策。虽然漫长海岸沿线的民众长期开展走私贸易，推动中国越来越深地卷入早期经济全球化的历史进程中，促成中国逐渐成为当时世界的经济中心，并最终在隆庆年间推动国家开放"海禁"，实现海外贸易的合法化；但国家一直没有积极主动地借助海外贸易的巨大利润，推动政权的整体改造和近代转型。表现在经济上，便是明朝官方一直坚持朝贡贸易和农业财政，并没有追随商人的脚步，产生海外殖民的政治野心；甚至国家财政在日益严重的内忧外患冲击下入不敷出，最终崩溃。

因此，在早期全球化的历史浪潮中，我们看到了明朝两张截然不同的面孔：一方面是民间推动了中国经济、社会在世界范围内长期保持经济领先和文化辉煌，众多的历史新因素不断产生；另一方面却是国家虽然也在吸收早期全球化带来的白银货币、军事技术乃至思想观念，但政权体制呈现出巨大的传统惯性，不为新思潮所撼动。就像一件衣服，其他文明改换了样式，而中国只是点缀了花边。

可见，在世界从传统走向近代的十字路口，明代中国实行"有限动员"的国策，虽然长期保持了广疆域、多族群、多文化的王朝国家模式，但未能利用自身的军事、经济和国家整体实力，推动国家进一步改造和成长，也未像其他文明那样积极扩张，而是满足于在亚洲地区辐射影响。明朝的这一做法，深刻影响了中国在世界近代浪潮中的命运。近代时期席卷西方的暴风骤雨，并未在明代中国产生电闪雷鸣、惊天动地的效果；而是如蒙蒙细雨，润物无声。明朝的大地，虽然萌发了历史的新芽，但依然笼罩在传统的风月之下，保持着旧时的容颜。明朝的这种选择，虽然并不成功，但很合理——这是地缘政治、文明传统、王朝性格综合而成的必然结果。本书尝试按照时代顺序，选择每一时期最具代表性的现象展开叙述，从而揭示明代中国的历史道路和时代特征。

"他"的故事与历史的叙事

历史是文明的载体，也是一个民族最深沉的记忆。清代文人龚自珍说："欲知大道，必先为史"，"灭人之国，必先去其史"。中西古代历史学都以叙述为特征，通过讲述典故、阐明道理、惩恶扬善，从而传承文化传统。英文"History"即"人类故事"之意。近代西方女权主义者鉴于这个词所可能蕴含的"男人的故事"本义，于是又创造了新词"Herstory"，以纠正语言中的"性别歧视"和"性别暴力"。由此可见，"人"的故事——无论是男人还是女人——永远是历史的核心和焦点。

近代历史学受到科学潮流的影响，逐渐将社会科学甚至自然科学的理论、方法引入，以建立客观的历史解释体系为目的。虽然看起来更可信了，但不那么可爱了。不过，历史学本身的人文性、大众对历史叙事的要求，都使叙事传统在当代历史学中仍绵延不绝，当代西方史学甚至有复兴叙事传统的趋势。中国古代拥有最为发达的史学传统，但由于文化断裂的缘故，在当前，二十四史的写作模式，无论对作者还是对读者来讲，都存在巨大困难。但在此之外，中国古代民间还存在另一通俗讲史传统，用白话形式，将历史故事化，极大地推动了历史知识向民众的传播。宋元时期已有讲史话本，明清时期更形成了成熟的历史小说，这些叙述模式都是古代通俗讲史的模式，在民间极受欢迎，是千百年来民众学习、理解历史的重要途径之一。

当代中国正处于历史转型的关键时刻，历史知识的转化和传播，具有重要的现实意义。在世界历史发展中，中华文明长期保持了领先地位，若鉴于近代一百年的武力不竞，以及由此而带来的国力衰退，就对中华文明进行根本的质疑和颠覆，从整个人类文明发展史的角度来看，无疑是一种十分短视的行为。复兴的中国将再次成为决定世界发展的重要力量，复兴的中华文明也将会对现代文明实行深层次改造，促进世界文明道路的改变。

经世致用，一直是中华文明的重要特征。唐代士人白居易说："文章合为时而著。"明代阁臣徐阶也说："文章贵于经世，若不能经世，纵有奇作已不足称。"在继承中华文明优秀遗产，将之与现代文明相结合，从而构建新型中华文化体系的时代潮流中，历史学家将中华文明的内涵完整而准确地揭示出来，作为国家发展的参考、民众通识的知识，便是一项具有重要现实意义和深远历史影响的工作。而其中需要重点挖掘、借鉴者，便是关系到治乱得失的重要关节。正如朱熹所说："读史当观大伦理、大机会、大治乱得失。"又如黄庭坚说："读书如禹之治水，知天下之脉络。"开启了中国近代的大门，与其他文明一起出发的明朝世界，应是中国史乃至世界史的重大关节和主要角色之一，明朝形塑着未来中国，乃至世界的历史脉络和发展道路。

从"三上书"寻找心灵的安放

宋代崇文抑武,虽然积贫积弱,国力不竞,文化却繁荣昌盛,文人辈出,一时之间,向学之风十分盛行。欧阳修不仅是"唐宋八大家"之一,而且是北宋名臣。在政务倥偬、案牍劳神之余,仍然写下众多名篇佳作。欧阳修将之归功于"三上"。他很钦佩上司钱惟演的向学精神:"平生惟好读书,坐则读经史,卧则读小说,上厕则阅小辞,盖未尝顷刻释卷也。"欧明修又指出宋绶也是这样,"每走厕必挟书以往,讽诵之声琅然,闻于远近,其笃学如此"。至于他自己,欧阳修也承认"平生所作文章,多在三上乃马上、枕上、厕上也。盖惟此尤可以属思尔"。

文忠公此一良法,不仅是对宋人的告诫,对于现代人来说,更是安顿心灵的方式。从田园牧歌式的古代社会,到忙碌紧张的现代社会,每个人都忙于各种工作,在一片喧闹的背后,独处变成一种奢侈,内省成为一种奢望。人本应自觉思索生命的意义,并将之视为生命中最值得珍惜和宝贵的东西,而今这种意义却要被我们漠然而弃。即使以思考为本务的知识分子,也终日在既定的工作链条上,忙碌异常。其实,遑论古代,即使在并不遥远的19世纪,那个工业革命如火如荼的时代,康德每日漫步于林荫小道之上,思索生命和知识的真谛的背影,对于现在的我们,看起来也已经那么久远和隔膜。

相同的困境，同样缠绕着我。艰巨的科研任务、繁杂的事务工作，常常令我有超负荷的感觉，做学问逐渐变成一件苦差事，这真是有违选择这一行当的初衷。而每天属于我自己的时间，只有在地铁上、在床头边，只有在这些时刻，我才可以有些飘离现实的思考。这个时候，如果能有一本颇值赏玩的小书，那便可以在喧嚣吵闹之中或夜深人静之时，沉浸在自我的世界之中。这种书量不能大，不能重，否则不便携带与翻阅；又不能过于艰深，否则读起来会很累，背离了初衷。个头小巧，介于学术和通俗之间的书籍，便是最合适的了。按照文忠公的提法，不妨把这种书叫作"三上书"。

　　本书的写作，便是这样一种尝试，所希望达到的，不仅是知识的传播，更是心灵的互通，从而在忙碌的世界，勾画一个遥远的时空，寻求自在的自我。

一
贫寒天子与明朝"国运"

莫欺少年穷

投奔红军

"濠梁旧雄"

大明王朝的"性格"与"国运"

莫欺少年穷

公元1328年，是中国的龙年。龙在中国是祥瑞的象征，但这一年的历史充满了动荡，同时又蕴含着无限的生机。

蒙古帝国在半个世纪的时间里，宛如一阵历史的狂风，席卷了大半个亚欧大陆。但取得胜利之后，蒙古帝国下属的各个汗国，由于汗位争夺，经常处于动荡之中。1328年，蒙古帝国的宗主国——元朝，这一年先后有三位皇帝在位，出现了四个年号。

正是在这个动荡之年，朱元璋出生于淮河南岸的钟离东乡，也就是现在的安徽省凤阳县。凤阳乍一看来十分普通，平坦的地形，一般的作物，和其他地方并没有明显的不同。但站在老城斑驳的城墙之上，向下俯视，便可望见平坦大地上蜿蜒而壮阔的淮河。淮河没有黄河的历史地位，没有长江的经济富庶，却是位于中国腹心的一条大动脉。淮河在滋润着两岸土地的同时，不断地由于黄河改道造成的"夺淮入海"而暴发长期连绵的水灾，给沿岸的民众带来长久的痛苦。不仅如此，在古代，中国北部的政权虽然拥有更强的军事力量，但面对宽阔的淮河，由于水军力量不足，时常裹足不前，停留于此，形成南北对峙的历史局面。由于长期充作南北对立的界线，淮河地区成为中国的"腹地边疆"。不断的兵燹，使这片土地长期处于苦难之中，形成了尚武、剽悍的民风。

而凤阳，便是淮河地区的一个典型。"说凤阳，道凤阳，凤阳本是好地方"，这不过是为接下来的控诉而做的铺垫。其实凤阳一直都不是个好地方，不仅淮河经常泛滥，淹没这个地区；而且南北政权之间，尤其是南宋以来的长期战乱，也不断冲击这个地区。幼小的朱元璋，便身处这种环境之中。

越是艰苦的地方，越是能磨炼人。朱元璋从小便不断经历着各种各样的磨难，性格也变得越来越坚忍。所谓字如其人，朱元璋留下的《大军帖》《总兵帖》等书法作品，下笔刚决，厚实深沉。康有为在《广艺舟双辑》中，曾这样评价朱元璋的书法："明太祖书雄强无敌。"这未尝不是朱元璋性格的一种反映。朱元璋的父母都是穷苦的农民，家里有两个哥哥，一个姐姐。朱元璋这个名字，是他从军以后儒士给取的，他原来的名字只是按照当时的风俗，将出生时父母年龄相加，叫"重八"。这种取名方法十分普遍，元末另一位枭雄张士诚，原名叫"张九四"，他的弟弟张士德原名叫"张九六"。

疆域空前辽阔的蒙古帝国，虽然在频繁的皇室内乱中，统治秩序动荡不安，但其在14世纪的突然崩溃，与自然灾害的冲击有直接关系。14世纪中期，一场波及亚欧大陆的大旱灾，导致大量人口、牲畜死亡，来不及掩埋的尸体慢慢腐烂，进而导致了瘟疫的大规模流行。作为草民，朱元璋的父母、大哥由于灾荒而吃不上饭，加之感染瘟疫，很快便去世了。穷苦的朱氏兄弟，在乡亲汪文、刘英的帮助下，将父母、哥哥草草安葬后，便为了生存，各谋出路去了。

朱元璋的选择是到皇觉寺出家。如今人们一看到某人出家，会认为这个人信仰佛教或道教，出家是个信仰问题。其实在古代社会，出家在多数情况下，是一个生存问题。中国古代虽然有救济穷人的制度，政府设有悲田院、养病院、养济院、福田院、居养院、安济坊等机构，收容孤苦无依的百姓，尤其是老人，民间的富人或者宗族，也会在发生灾荒时施舍米粥；但这些救济规模、力度与数量庞大的穷苦人口相比，还是显得不够。而大量寺院、道观，在灾荒年份，通过施舍穷人招徕信徒，从而扩大自身势力，可以起到很大的弥补作用。信不信教另说，先把肚子填饱，当时皈依佛道的人，很多都是抱着这个想法的。朱元璋也是如此。所以，很多史料和研究说朱元璋信仰佛教，其实未必，他对各种思想体系都有兴趣，而且钻研很深，是个为了稳固政权，什么手段都可以采用的典型的实用主义者。

凤阳作为朱元璋的龙兴之地，留存下来的古迹很多，不仅有庞大方正的中都城、庄严肃穆的明皇陵,而且即使屡遭拆毁,城内也还有不时可见的文物,甚至一座清真寺的建筑用砖,都是洪武时期各地烧制的文字砖。而作为朱元璋人生避难所的皇觉寺,却在漫长的历史长河中逐渐荒废,目前仅存一座枯井,隐藏在连片荒草之中。皇觉寺的寥落与衰败,可能缘于朱元璋在即位之后,将皇觉寺迁至城内并改名龙兴寺,原址逐渐废而不用。

随着灾荒范围越来越大,投靠皇觉寺的人也越来越多,寺里养不活这么多的人,于是后来投奔的僧人,只得外出"游方"。"游方"即"游于方内",本来是僧人修行的一种方式,通过进入红尘之中,磨炼心性,从而得道成佛。游方的僧人们,由于没有盘缠,一路上靠化缘为生,就像《西游记》里唐僧师徒四人一样。所以,游方实际上就跟要饭差不多,而朱元璋很不幸地也在被遣散游方的范围内。

投奔红军

又过了几年,朱元璋连游方也不可得了。在灾荒的冲击下,许多地区发生了叛乱,叛乱者头裹红巾,因此被称为"红巾军"或"红军"。当时还有一支队伍,着绿衫,被称为"青军"。红军借助人们渴望得救的心理，宣扬白莲教教义，对人称"弥勒佛下生，明王出世"[1]，前来拯救黎民大众，在大江南北很快获得了广泛的响应。在具有一定规模后，红军开始举起"华夷之辨"的大旗，标榜恢复宋朝统治，指责元朝"贫极江南，富称塞北"[2]，把财富都运到蒙古草原上去，才导致了汉地的灾荒。在朱元璋的家乡，也有一支红军，驻扎在濠州，以郭子兴为首。红军当时纪律非常差，烧杀劫掠，与匪徒无异，搞得人心惶惶。朱元璋托庇于皇觉寺的那一丝安宁，也被兵乱无情地打破。这时，朱元璋幼时同村的一个小伙伴，名叫汤和，已经加入了郭子兴的军队，他写信给朱元璋，动员朱元璋也加入红军。朱元璋刚开始有些犹豫，没有立即答应，不过看见兵乱越来越厉害，将要蔓延到钟离，于是卜了一卦，卦象显示从军吉利。于是朱元璋做出决定，赶往濠州，去投奔汤和。值得注意的是，可能是受了朱元璋的影响，明代皇帝多数都懂得占卜和星相。

朱元璋少年时期颠沛流离、朝不保夕的生活，对他的性格造成了很大影响，使其内心深处一直缺乏足够的安全感。这种性格缺陷长期影响了他的人生观念，在很大程度上形塑了他的从军道路和开国施政的思路。

"濠梁旧雄"

加入红军之后，朱元璋作战有勇有谋，很快便得到主帅郭子兴的赏识。郭子兴不仅提拔他，而且还将义女马氏嫁给了他，马氏就是后来的马皇后。朱元璋知人善用，很快团结了一批能干之士，势力逐渐壮大。对于朱元璋的快速成长，郭子兴的部下，甚至郭子兴本人都逐渐产生了猜忌、排挤心理。为避免与郭子兴部发生正面冲突，朱元璋率领邵荣、徐达、常遇春、李善长等人，向南独立发展，渡过长江，占领集庆（今江苏南京市），被红军所立的皇帝韩林儿封为吴国公，朱氏政权由此开始成形。这一时期的朱氏政权，虽然开始招徕江浙士人，以充实政权体系、加强地方治理，但政权主体一直是以朱元璋为首的，来自淮河支流——濠梁河流域为主的政治群体，也就是《皇明本纪》里所谓的"濠梁旧雄"。"吾以布衣起兵，与今李相国、徐相国、汤平章皆乡里，所居相近，远者不过百里。君臣相遇，遂成大功，甚非偶然。"[3]在上古的历史中，濠梁河安静而祥和，庄子与惠施曾在此辩论人鱼之乐。而在元末的乱世，濠梁河却成为兵戎相见的战场，磨炼出了一个粗鄙但十分顽强的群体，改变了整个中国的历史进程。

直到洪武晚期朱元璋大规模杀戮武将集团之前，朱氏政权一直处于朱氏家族与"濠梁旧雄"共天下的政治格局。如果我们到南京钟山去看一下，便可发现在埋葬朱元璋的明孝陵的周边，还埋葬着众多"濠梁旧雄"，甚至生前地位很低的一些武将，都获此殊荣。与之相比，那些后来归附的文官，虽然很多也为朱氏政权建立了很大功劳，深受朱元璋信任，却只能在退休以后，回到家里，死后葬于故乡，比如智谋过人的刘基便是如此。可见，朱元璋与"濠梁旧雄"的关系，真可以说是生死与共。

但同患难易，共富贵难，兄弟虽然如手足，但手足相残在二十四史里，实在是司空见惯。朱元璋身居吴国公之后，对他的部下而言，他从与大家平起平坐的兄弟，一跃而居于众人之上，"濠梁旧雄"心中不会毫无波澜。李新峰指出，朱元璋借故诛杀了对他构成威胁的邵荣与赵继祖，此后又平定了与自己有姻亲关系的谢再兴的叛乱，从而完全确立了对"濠梁旧雄"的权威地位。[4]但从军之后，尤其是这一过程之中的兄弟反目和血腥杀戮，进一步加深了朱元璋性格中的不安全感，对群臣形成了习惯性的猜疑。

为加强对"濠梁旧雄"的控制，朱元璋采用了三种方式。

一是重用亲属。朱元璋先后提拔了侄子朱文正、外甥李文忠，前者被委任为大都督，掌管朱氏政权所有军队；后者被朱元璋不断升迁为明朝第三武将。但即使对于这两个人，朱元璋仍然有很深的猜忌。朱文正驻守洪都，顽强抵御了陈友谅的进攻，成为朱元璋在鄱阳湖水战中取胜的关键，为后来朱元璋战胜群雄、统一中国奠定了基础。但这次战役之后，朱文正因为对朱元璋的封赏有所不满，被囚禁至死；李文忠虽然在驱逐北元的战争中居功甚伟，却仍然被朱元璋不断压制，遭受怀疑，据说他最后的死也和朱元璋有关。

二是广收义子。朱元璋将军队中作战勇敢、富有谋略的年轻将领收为义子，借助这种拟制血亲的方式，扩大自身的影响。朱元璋义子中最著名的，便是后来战功卓著，家族世代镇守云南的沐英。

三是利用"江浙士人"制约"濠梁旧雄"。占领南京之后，朱元璋进入到两宋以来，尤其是南宋以来儒学的核心地区——江浙行省、江西行省，积极招徕这两个地区的士人。这些士人可称之为"江浙士人"，他们充实各级政府系统，与武将群体一起管理政权。朱元璋的意图一方面是要加强政权治理，另一方面也有让他们制约武将集团，尤其是"濠梁旧雄"的政治意味。江浙士人之中，最著名的便是"浙东四名士"（刘基、章溢、宋濂、叶琛）。而其中尤为朱元璋所倚重者，便是很有谋略的刘基。朱元璋将刘基引入核心决策层，使之分割"濠梁旧雄"的军政权力。

可见，在创立政权的初期，朱元璋在缺乏安全感的性格影响之下，奉行十分谨慎的政治立场，防范任何反对派的出现，从而竭力将政权牢固地掌握在自己手中。

大明王朝的"性格"与"国运"

1368年,朱元璋40岁,正值不惑之年,在这一年,他建立了明朝。朱元璋在缺乏安全感的性格影响之下,认为边疆开拓可能会导致财政危机、社会动荡,从而最终影响政权稳定,于是在开国之初便确立了内敛的疆域政策。洪武六年(1373),朱元璋明确宣布,对周边国家不主动征伐。

> 四方诸夷,皆限山隔海,僻在一隅,得其地不足以供给,得其民不足以使令。若其不自揣量,来挠我边,则彼为不祥。彼既不为中国患,而我兴兵轻伐,亦不祥也。吾恐后世子孙,倚中国富强,贪一时战功,无故兴兵,致伤人命,切记不可。[5]

即使对于汉、唐两朝积极经营的西域,明朝从开国伊始,也采取放弃态度。

但对于北逃至蒙古高原的北元,朱元璋为了防范其南下"复国",仍强调积极备战。"但胡戎与我西北边境,互相密迩,累世战争,必选将练兵,时谨备之。"[6]不过这种积极备战的政策,也同样由于朱元璋大规模杀戮开国功臣,而转入完全的防御姿态。鉴于自身创业已经成功,朱元璋开始将矛头对准与自己一起打天下的开国功臣，其中的主体便是"濠梁旧雄"，以防范这一政治集团对政权构成威胁。洪武十三年（1380），朱元璋借助"胡惟庸党案"，大肆诛杀、驱逐"濠梁旧雄"中的文武势力，严重削弱了"濠梁旧雄"在政治领域中的影响力。洪武二十六年（1393），朱元璋鉴于北元已经灭亡，从而发动"蓝玉党案"，此后又借机除掉了傅友德、冯胜，从而将包括"濠梁旧雄"在内的开国功臣铲除殆尽。经过多次杀戮，"濠梁旧雄"作为一个政治集团，已经不复存在，明朝政权由朱氏皇族与"濠梁旧雄"共天下的格局，一举转变为朱氏皇族"家天下"的局面。在中央，皇帝直接统领文武群臣和天下军队；在地方，诸王节制各地军队，若发现朝廷有奸臣，可以率兵"清君侧"，朱氏皇族由此形成里应外合、共同统治的政治局面。

朱元璋铲除开国功臣，虽然加强了皇权专制，却带来了十分不利的后果，那便是随着武将群体被诛戮殆尽，明军丧失了进一步开拓边疆的军事能力。取代开国功臣掌握地方军权的诸王，军事能力与开国功臣相比，相差甚远。开国功臣之中，不仅徐达、蓝玉等人可以直捣漠北草原，而且中级将领如宁正等人，也有开拓一方的军事能力。与之相比，北方边疆军权转移到诸王手中之后，朱元璋一直不敢让诸王北上漠北，而是让他们在漠南草原来回巡逻，保持防御态势。

蒙古帝国解体后，亚欧大陆的西欧文明、阿拉伯文明、俄罗斯文明，都开始不断向外扩张，竞逐新的世界霸权，从而交织、形塑出近七百年来世界史的基本图景和历史线索，世界近代史由此开端。西欧文明在蒙古帝国所带来的中国科学技术的促进下，以及在对海洋空间的天然兴趣的催动下，开启了"大航海时代"。在14—17世纪，西欧文明又掀起了以资本主义文明为主导的全球化进程，成为近代历史的推动者与主宰者。在东欧平原上，罗斯民族自11世纪起建立了长期分裂的诸公国，钦察汗国（金帐汗国）的军事征服，不仅首次结束了罗斯诸公国分立的局面，而且给当地政治带来了威权制度。14世纪，莫斯科公国趁金帐汗国衰落的历史契机，通过扩张、兼并，迅速崛起，疯狂地将势力在整个欧亚内陆扩张开来，从一个小公国变成了疆域庞大的俄罗斯帝国。参照"大航海时代"的概念，可将俄罗斯这一时期的历史，称为"俄罗斯崛起"。蒙古帝国解体后，奥斯曼帝国、帖木儿帝国及其后裔在欧、亚、非积极扩张，不仅攻占了基督教文明在东方的象征——君士坦丁堡，而且向东进入中亚、东南亚地区，奠定了当今伊斯兰文明的势力版图，这段历史可称之为"伊斯兰扩张"。

与以上三种文明相比，明朝虽拥有当时世界上强大的陆军和水军力量，却由于秉持内敛的疆域政策，对周边国家不采取主动征伐态度，在明初大体收复元朝旧地之后，将飞翔之翼剪断，在北部边疆也放弃了大规模的军事进攻，开始大规模修建长城；在东部沿海也构建类似长城的军事防御体系。明朝这一政策，不仅使自身长期面对边疆族群的军事威胁，背负了极为沉重的财政负担，最终灭亡于长城边疆内外的叛乱；而且为其他文明的东进提供了历史空间，是近世中国被其他文明赶超的关键因素。由此可将明代中国的历史称作"明长城时代"。从14世纪以来世界史的视角来看，明朝的疆域政策使中国在世界近代史开启之初，便走向与世界主流背道而驰的历史方向，不仅深刻影响了明代中国的历史道路，而且影响了近世中华文明的整体走向。

1398年，朱元璋70岁，已到古稀之年。也正是在这一年，朱元璋因操劳过度而去世。许多皇帝影响了一代人的命运，而朱元璋却影响了中国数百年的命运，不仅在中国历史上打上了自身鲜明的印记，而且对近代世界的历史轨迹也同样造成了深刻影响。

二
最后的丞相

"胡惟庸党案"
为什么是蒙古和日本
丞相的废除
"明无善治"

"胡惟庸党案"

明朝开国之初，甚至在开国之前的吴王时期，便形成了朱氏皇族与"濠梁旧雄"共治的局面。朝廷要职都由"濠梁旧雄"充任。由于"濠梁旧雄"大多是武将，从而导致本应由文官担任的丞相、御史大夫等职，也都由武将来担任。比如李善长、徐达二人，曾分任左、右丞相，汤和、丁玉、邓愈也曾任左、右御史大夫。朱元璋委任"濠梁旧雄"，最为看重的是他们的地位和资历，而并非能力。比如他对待李善长的态度便是如此。

> 杨宪、凌说、高见贤、夏煜尝言："李善长无宰相才。"太祖曰："善长虽无宰相才，与我同里，我自起兵，事我涉历艰难，勤劳簿书，功亦多矣。我既为家主，善长当相我，盖用勋旧也，今后勿言。"[1]

据《明史·李善长传》记载，李善长为人心胸狭窄，喜欢排挤人。"善长外宽和，内多忮刻。"由于被封为第一开国功臣，李善长骄傲自满，朱元璋开始对他有所厌弃。于是在洪武四年（1371），李善长便致仕回到故乡。

李善长离朝之后，由于徐达常年在外征战，当时主政的实际是中书右丞杨宪、中书左丞汪广洋，但二人很快被胡惟庸所取代，胡惟庸成为中书省的实际负责人。

胡惟庸，定远（今安徽定远县）人，是第二批追随朱元璋的"濠梁旧雄"之一。至正十五年（1355），朱元璋率领徐达、李善长等人，夺取和州（今安徽和县）。此时，胡惟庸从定远前来投奔，被朱元璋任命为元帅府奏差。此后，胡惟庸先后担任宁国主簿、宁国知县、吉安通判、湖广佥事。至正二十七年（1367），已称吴王的朱元璋改元为吴元年，初步建立政权，作为"濠梁旧雄"中的一员，胡惟庸在同乡李善长的荐举之下，被任命为九卿之一的太常寺卿。洪武三年（1370），朱元璋大封功臣，胡惟庸升为中书省参知政事。

洪武六年（1373），胡惟庸先后任右丞相、左丞相，主掌中书省，成为文官集团的首领。鉴于前任数人先后遭到朱元璋的猜忌而被罢官离职，胡惟庸采取了逢迎朱元璋的立场，从而在七年的时间里，一直受到朱元璋的信任与倚重。"惟庸亦自励，尝以曲谨当上意，宠遇日盛，独相数岁，生杀黜陟，或不奏径行。"[2] 拥有权势之后，胡惟庸行事逐渐张扬，开始在朝廷之中培养私人势力。

　　胡惟庸的权势扩张，逐渐引起"濠梁旧雄"首领徐达、"江浙士人"首领刘基的不满，二人都曾建议朱元璋对胡惟庸加以约束。朱元璋对于胡惟庸也开始心生疑忌。最终，朱元璋借占城进贡事件，开始惩处胡惟庸等人。位于中南半岛的占城国，在明朝建立后前来朝贡，成为明朝的藩属国。洪武十二年（1379），占城再次前来朝贡，中书省却并未及时向朱元璋奏报此事，被朱元璋发现后，又将责任推诿给礼部。朱元璋盛怒之下，将中书省、礼部官员下狱。结果右丞相汪广洋作为替罪羊被赐死，而胡惟庸和六部官员坐罪。御史中丞涂节在这种情况下，出于脱罪的考虑，告发胡惟庸私通蒙古和日本，意图谋反。洪武十三年（1380），朱元璋不仅将胡惟庸处死，而且借机罗织冤狱，将包括"濠梁旧雄"在内的大量文武官员诛杀，一直到洪武二十三年（1390），仍在穷究余党，李善长也被迫自尽。"肃清逆党，词所连及坐诛者三万余人。乃为《昭示奸党录》，布告天下。株连蔓引，迄数年未靖云。"[3]

为什么是蒙古和日本

　　值得注意的是，朱元璋发动"胡惟庸党案"的借口，是胡惟庸私通蒙古和日本。为什么是这一理由呢？原因是在明初构建的"中华亚洲秩序"中，只有此二者并未臣服明朝，仍对明朝构成军事威胁。

在古代世界，全球尚未一体化，不同文明都努力构建以自身为主宰和核心的区域性国际秩序。在东亚大陆广阔而相对平坦的地理条件下，中国古代很早便产生了"王者无外"[4]"大化无外"[5]的天下观念。但由于军事、行政、经济能力有限，古代中国无法在所有已知地区实行直接统治，于是采取政治、经济、文化的方式，依托自身强大的国家实力，与周边国家、政权形成政治关联，建立起以中国为中心和主宰的"中华亚洲秩序"。在"中华亚洲秩序"中，由于古代中国在亚洲，尤其是在东亚、东南亚、中亚长期保持独大态势，其他国家实力相对弱小，长期对中国采取依附立场，中国与周边国家、政权，形成了所谓"事大字小"的关系，即中国负有保障其他国家安全，调节国家之间的冲突，"兴灭继绝"的政治义务；而其他国家需要忠诚于中国，通过朝贡的方式表达臣属之意。

历代中原王朝都在建立政权后，致力于构建这一区域国际秩序。在这之中，尤以汉、唐、元、清时期的"中华亚洲秩序"较为典型。四个王朝都将中亚、朝鲜半岛、东南亚等地区纳入"中华亚洲秩序"之中，唐朝甚至与日本列岛建立了长期的宗藩关系。而元朝所构建的"中华亚洲秩序"，虽然辐射地域最广，却未将日本列岛纳入进来。

明朝代元，元廷逃遁至蒙古高原，建立北元政权，虽然多次遭到明军的重创，但仍能在洪武五年（1372），取得对明军的巨大胜利。在这场史称"岭北之役"的战争中，明军三路北上，徐达的中路军直入岭北，中了扩廓帖木儿诱敌深入之计，惨遭失利。东路李文忠所率的军队因为缺少中路军的掩护，陷入孤军作战的困境，伤亡也很大。"岭北之役"是明军有史以来的最大惨败，多位高级将领战死，士卒死亡高达数万。"岭北之役"改变了明蒙战略态势，直到洪武晚期，明军才再次发动大规模征伐，彻底消灭了北元政权。*但漠北地区残存的鞑靼和东进的瓦剌，仍然对明朝构成长期威胁。终明一代，蒙古高原一直是"中华亚洲秩序"的一个巨大隐患。

与蒙古不同，日本并未有那么强大的军事力量，但凭借海洋天险，日本不仅抵御了元军的进攻，而且在元末明初之时，大量武装浪人还进入中国沿海地区骚扰抢掠，被当时的中国人称作"倭寇"。明朝建立以后，亚洲众多国家纷纷朝贡明朝，但日本一直没有表示臣服。对此，朱元璋鉴于元朝东征的教训，也未利

---

* 关于北元的灭亡时间，有多种说法。一说为洪武二十一年（1388），明将蓝玉于捕鱼儿海（今蒙古国贝尔湖）击败北元天元帝脱古思帖木儿，脱古思帖木儿被部将也速迭儿所杀，也速迭儿夺取汗位，北元灭亡；一说为建文四年（1402），鞑靼部帅鬼力赤杀坤帖木儿汗，"称可汗，去国号，遂称鞑靼"，北元灭亡；一说为崇祯八年（1635），察哈尔部林丹汗死后，苏泰、额哲母子将传国玉玺献予皇太极，北元灭亡。——编者注

二　最后的丞相

用自身强大的水军实力加以征伐。

可见，洪武中期，蒙古和日本是对明朝仍具有明显威胁的两个政权，故而朱元璋在罗织胡惟庸等人的罪行时，便将私通二者作为借口，借此将有所猜忌的政治势力大肆杀戮，以稳固朱氏皇族家天下的政治格局。

丞相的废除

朱元璋发动"胡惟庸党案"，一方面是为了清除他所猜疑的政治势力，另一方面也是从根本上将权力完全收归皇帝，为此废除了实行两千年的丞相制度。

丞相制度起源于春秋时期，秦朝建立中央集权制度以后，丞相便一直作为百官之首，负责协助皇帝，处理全国政务。由于担心丞相会对皇权构成威胁，历代君主不断采取各种方式，裁抑相权：两汉利用近侍官员，不断蚕食丞相权力；唐、宋二朝利用群相制度，取代独相制度，从而分散丞相权力；明清则彻底取消丞相一职，用内阁、军机处作为秘书机构取代丞相。

但另一方面，相权的衰落，只限于汉人政权的发展脉络。而在历史上，还有另外一条北族政权的历史脉络。为了加强对汉地的控制，北方族群入主中原以后，往往对汉人政权烦冗庞杂的政治体系进行大刀阔斧的砍削，从而构建起更为严明而有效的统治体系。金朝改变了北宋多相制的局面，专任尚书省。元承金制，只是改尚书省为中书省，将之作为丞相机构，负责处理所有军政事务，从而为很多不擅于也不愿管理具体政务，而是迷恋草原狩猎的皇帝，承担起具体工作。

元朝之所以将权力放心地交给中书省，和蒙古人传统的政治观念有密切关系。在生存环境十分恶劣的内亚地区，一个部落，乃至一个族群，需要一个强力人物，将全部人口、草场、财产统一掌控，进行协调与分配，从而抵御自然灾害和外族进攻。在这种社会环境下，北方族群逐渐形成了"家产制"观念，即所有人口、草场、财产，都属于大汗及其家族，所有人都是大汗及其家族的奴隶，大汗拥有绝对而不受限制的独裁权力，整个族群都是他的私人"家产"。在"家产制"观念影响下，汗位或者皇位，都只属于大汗家族，其他人即使位高权重，仍是大汗或皇帝的奴隶，只是负责为大汗或皇帝照看家产的，相应也没有继位的可能。

成吉思汗将一盘散沙般的蒙古族群统合在一起，在很短的时间里，建立起古代世界空前绝后的庞大帝国，相应地，在蒙古人心中，成吉思汗的直系家族便拥有至高无上的地位和权力，因此被称作"黄金家族"。正是在这种政治观念影响之下，元朝皇帝可以放心地将权力交付给中书省的丞相，而不担心他们会发动叛乱，攘夺帝位。事实上，元代丞相虽然时常专权，但都未尝产生废帝自立之心。

在中原汉地，却没有这种绝对君权观念，而是长期保持了相对君权的概念。作为意识形态的儒家思想，在"民本"观念的基础上，倡导士大夫制衡皇权，与皇帝共治天下。而普通民众亦不断将"王侯将相，宁有种乎"作为发动叛乱的政治舆论。在这种君权观念下，中国古代的汉人政权和汉化的北族政权，一直都将防止政权内部的叛乱，包括政治篡权和民众叛乱，作为政权建设的核心和重点。

明朝面对的历史遗产，来自和汉人政权大相径庭的元朝政权。虽然在北伐之初，明朝便明确提出"驱逐胡虏，恢复中华，立纲陈纪，收济斯民"[6]的政治口号，将之作为政权的合法性依据。但社会发展的自然惯性，使朱元璋无法在开国之初便完全抛弃元朝的遗产，因此明朝最初的政治体制，仍然延续了元朝旧制，中央设中书省、大都督府、御史台，分理行政、军事、监察事务，下设吏、户、礼、兵、刑、工六部分理庶务。

不过，在政权稳固之后，朱元璋便开始致力于改革政治体制，借助"恢复中华"的政治舆论，不仅全面改革礼仪、语言、风俗，而且最终借助"胡惟庸党案"，标榜恢复周制，废除丞相制度，形成了皇帝直接统领文官集团的政治格局。"自古三公论道，六卿分职。自秦始置丞相，不旋踵而亡。汉、唐、宋因之，虽有贤相，然其间所用者，多有小人专权乱政。我朝罢相，设五府、六部、都察院、通政司、大理寺等衙门，分理天下庶务。彼此颉颃，不敢相压，事皆朝廷总之，所以稳当。"[7]

事实上，作为取消丞相的先声，洪武九年（1376），朱元璋已经开始下令撤销地方上的行中书省，改设承宣布政使司、提刑按察使司和都指挥使司"三司"；洪武十一年（1378），又命"奏事毋关白中书省"[8]，实际上在一步步地改造中书省主导的政治体制。"胡惟庸党案"发生后，朱元璋最终废除中书省，并且在《皇明祖训》之中，严禁后世复设丞相："以后子孙做皇帝时，并不许立丞相。臣下敢有奏请设立者，文武群臣即时劾奏，将犯人凌迟，全家处死。"[9]延续了两千年的丞相制度，由此被完全废除。

"明无善治"

朱元璋废除中书省之后，假借复归周制的名义，"仿古六卿之制"，将行政权力分给六部，其目的是"俾之各司所事……如此则权不专于一司，事不留于壅蔽"。[10]六部对天下政务提出初步处理意见，而后上奏于朱元璋，朱元璋最终做出决策，并命六部负责具体实施。在这一政治体制下，朱元璋实现了对文官集团的完全掌控。

这种政治体制虽然符合朱元璋加强皇权的想法,但皇帝一人实难对政务进行全盘处理。在废除丞相的当年,朱元璋根据一年四季设置春、夏、秋、冬四辅官。洪武十五年(1382),罢设四辅官,仿照两宋,设华盖殿、武英殿、文华殿大学士,文渊阁、东阁大学士,这也符合他在废除丞相之后,在政治体制建设上所标榜的"立纲陈纪,法体汉唐,略加增减,亦参以宋朝之典"[11]。不过揆诸实际,由于朱元璋权力欲极强,十分勤政,四辅官、殿阁大学士只是顾问而已,并未持续而实质性地参与中枢决策。"帝方自操威柄,学士鲜所参决。"[12]

但朱元璋以后,明朝历代诸帝都未像他那样勤政,因此需要其他政治势力协助决策,从而在不同时期,开放出一定的中枢空间。在这一政治背景下,不仅包括内阁、六部、九卿在内的文官集团努力进入中枢空间,而且其他一切与皇帝存在私人关系的后妃、宦官、武将、佞幸、锦衣卫等势力,也都积极争取中枢权力。由于祖训之中严禁复设丞相,所有政治机构和政治人物所获得的中枢权力,又都缺乏制度性保障,这便导致明朝不同政治势力,为了获取、保持中枢权力,不断展开政治斗争,使明代中枢政治一直呈现变动不定、斗争不断的混乱局面,这在相当程度上加剧了明朝的政治纷争,恶化了政治风气。明后期尤其是晚明的"党争",根源便在于此。明朝灭亡以后,本身便属于"党争"

中人的黄宗羲，发人深省地指出："有明之无善治，自高皇帝罢丞相始也。"[13]

值得注意的是，加强皇权或王权，是近代各主体文明同样的历史选择。在基督教文明里，表现为政治与宗教的分离，国王脱离教皇的控制，成为国内世俗权力，乃至宗教权力的主宰者。而在伊斯兰文明中，无论奥斯曼帝国还是帖木儿帝国，都呈现出政治与宗教的合一，皇帝完全掌控一切，通过发动"圣战"，获取臣民的效忠和支持。近代亚欧大陆的主体文明，加强皇权（王权）专制的一致取向，可能与蒙古的影响有关，尤其是伊斯兰文明、俄罗斯文明、中华文明，都直接受到了蒙古帝国"家产制"政治传统的影响。但由于文明内涵、政权体制的不同，皇权（王权）专制的表现形式不同，结果更是大相径庭。基督教文明的王权专制，推动了民族国家的产生和政治体制的整合，是基督教文明上升的强大动力。伊斯兰文明的皇权专制，提升了奥斯曼帝国和帖木儿帝国的军事效率，同样是伊斯兰文明扩张的强大动力。而明代中国的皇权专制，却由于中华文明的内敛取向，主要表现为政治体系的内耗和对外开拓的停滞。"橘生淮北则为枳"，说的便是这个道理。

三
朱棣的"盛世"

接班人的难题
分封下的皇权暗流
"靖难之役"与"二世现象"
"五征三犁"
"中华亚洲秩序"的辉煌时代

接班人的难题

接班人问题，也就是权力如何平稳而高效地交接，一直是古往今来政治领域最为关键，也是在很晚时候才得以较为有效解决的重要问题。在世界各文明中，解决这一问题的思路，大体分为两种，一是强调平稳，二是强调高效。

强调高效的模式以游牧文明、伊斯兰文明最为典型。游牧文明经济基础薄弱，主要依靠抢掠为生，需要强力人物统率部众，因此注重选拔能力强悍者为大汗。伊斯兰文明，尤其是奥斯曼帝国位于亚欧大陆的中间地带，处于竞争激烈的地缘环境之中，为了保证帝国的生存和扩张，同样倾向于选拔能力较强者。强调高效的继承制度，容易选拔出杰出的继承人，却容易引发政治动荡，乃至政权分裂，甚至导致文明的衰落。这其中尤以奥斯曼帝国的血腥继承制最为残酷。

强调平稳的继承制度以中国古代的嫡长子继承制最为典型。在宗法制度的影响下，中国古代皇位继承采取嫡长子继承制、兄终弟及制,二者都是血缘机制的表现方式。由于前者更为强调血缘的纵向传承,更为符合宗法原则,于是逐渐取代了后者,成为中国古代主流的皇位继承制度。不论贤否,只看血缘的嫡长子继承制,长期保障了中国古代皇位的平稳过渡。强调平稳的继承制度,虽然有助于维护帝国的稳定,但容易选出庸碌的继承人,给其他政治势力干预朝政提供了可能,同样会导致文明的衰落。在传统中国社会,最为成熟的权力交接制度,产生在经历了"九子夺嫡"惨痛经历的清代雍正时期。前代皇帝将拟好的传位诏书,放于"正大光明"匾额之后,一方面通过不公开的方式,保护储君;另一方面在日常政务中加以历练,从而为其未来登基做好铺垫。这种权力交接模式结合了平稳与高效,是清代国力强盛的顶层保障。

分封下的皇权暗流

在中国古代的宗法制度下,皇位(王位)采取嫡长子继承制,但其他诸子按照宗法原则,也应享受相应的政治权利。这便使得中国古代产生了分封制度,即嫡长子继承皇位(王位),其他诸子分封各地,拱卫天子,从而建立家天下的统治形式。夏、商时期,中央通过分封制度,册封各地的方国,维持表面上的天下一统，实质上并不能控制地方。西周时期，周王室利用宗法制度，将嫡长子以外的其他诸子、功臣，分封到地方，建立起中央与地方的紧密联系。分封制度对于树立周天子在地方上的威信、巩固周王室的统治，起到了重要的历史推动作用。

但伴随历史的演进，分封制度内在蕴含的地方分权倾向，越来越成为中央集权的阻力和障碍。秦朝统一中国后，为加强中央集权，废除了具有地方分治意味的分封制度，普遍推行郡县制度，以保证中央政令在地方的贯彻，推进当时全国一体化的历史进程。秦朝这一设想虽然十分美好，但由于未充分考虑到不同地区过去长期在不同政权分治之下所形成的巨大社会差异，从而激化了东方社会的矛盾，酿成了秦末东方战争，成为秦朝灭亡的根本原因。西汉鉴于秦朝灭亡的教训，并行郡县制和分封制，导致了"七国之乱"。西晋为改变东汉末年以来各地的分裂局面，分封皇子到各地以加强统治，却最终酿成"八王之乱"，政权灭亡。鉴于分封的多次教训，唐、宋时期，虽然仍然分封诸王，但只封爵位，不封土地，更不给予权力，分封制度已经名存实亡。

但在明朝建立之后，朱元璋缺乏安全感的性格最直接、最鲜明的体现，就是复活早已名存实亡的分封制度，将之设定为明朝的基本制度，从而建立起朱氏皇族"家天下"的政治格局。显然，朱元璋的做法违背了历史潮流。但值得注意的是，朱元璋只是违背了汉人政权的历史潮流，却与北族政权的发展潮流十分契合，更是直接继承了元代的宗王出镇制度。在广阔的亚欧内陆，由于生态环境较为恶劣、游牧经济较为落后，因此无论财产管理，还是政治治理，都采取共享、共治模式。可汗在获得政权后，要将草地、牧民和牲畜分封给子弟。因此，虽然汉人政权的分封制度早已名存实亡，但在内亚地区，分封制度一直存在。蒙古帝国建立后，成吉思汗便将广阔的疆域分封给诸子、诸弟和功臣，其中最著名的便是四大汗国。但蒙古进入中原之后，由于汉地长期实行郡县制度，没有空闲的土地，无法再像以前那样列土封疆，于是忽必烈便实行宗王出镇制度，不再分封，而是命诸子驻扎地方，享用各府、州、县缴纳上来的赋税，掌握地方军权，这样不仅可以加强对汉地的统治，而且能够抵制黄金家族其他支系对忽必烈系皇位的威胁，对元朝统治形成了十分有力的支持。

元朝宗王出镇制度的成功，给朱元璋实行分封制度提供了样板和信心。开国之初，朱元璋便开始推行分封制度。洪武三年（1370），朱元璋在大封功臣之前，为了确立诸子与功臣之间的君臣名分，首先分封诸子。朱元璋在分封制度的设定上，虽然附会周、汉之制，其内核却沿袭了宗王出镇制度，诸王在地方上，主要负责军事，如果地方发生战争，或者朝廷出现奸臣，诸王便可以节制都司卫所军队，统兵征战。

不过，对于历史上由于分封而导致的内乱，朱元璋也十分警惕，因此对诸王军权的设计十分用心，仅命诸王"节制"而非统率都司卫所军队，都司卫所军队统属于中央，而非诸王。不仅如此，诸王只有在军情发生，接到朝廷的诏书后，才能够指挥都司卫所。为了规诫诸王，朱元璋还专门命儒臣搜集、编纂了前代藩王事迹，撰成《昭鉴录》一书，命诸王时刻浏览，以期达到警醒的效果。

洪武前中期，地方军权本来由开国功臣，尤其是"濠梁旧雄"所掌握。为了实现军权的顺利转移，朱元璋与"濠梁旧雄"之间结成了姻亲关系，而与诸王结成姻亲关系的功臣，往往驻扎于诸王分封之地。通过这种方式，朱元璋缓解了开国功臣被解除兵权的抵触情绪。洪武晚期，诸王完全控制了地方军队，朱元璋便开始大肆杀戮开国功臣，完全确立了诸王在地方军队中的领导地位。

朱元璋分封的诸子遍布全国各地，其中北部边疆不仅数量最多，还形成九王守边制度，是分封制度重点实行的地区。之所以采取这种安排，原因在于北疆军队担负着防御蒙古的重要职责，是朱元璋最为重视的军事地区。九王之中，秦王朱樉、晋王朱㭎、燕王朱棣年龄最大，分别被封于西安、太原、北平。西安地处西北边疆，秦王又经常为非作歹，在洪武后期便去世，对北疆军事影响不大。洪武后期，晋、燕二王居于北疆的中部，掌控北部边疆，甚至整个北方地区的军队，不断出塞巡逻，成为北方军队的统帅。晋、燕二王由于掌握重权，都曾生出夺嫡之心。晋王形迹被发现后,朱元璋曾有将之废为庶人的想法,懿文太子朱标多次求情,朱元璋才予以宽恕。因为这个缘故,晋王改变心意,全力辅助懿文太子。*但可惜的是,在朱元璋去世前三个月,晋王就去世了,北部边疆能够制约燕王的势力便没有了。

"靖难之役"与"二世现象"

洪武二十五年(1392),懿文太子去世,他的儿子朱允炆被立为皇太孙。朱元璋去世后,朱允炆继位,改年号为"建文",史称"建文帝"。建文帝即位之后,在文官群体尤其是江浙士人的支持下,托古改制,力行削藩。削藩在其他地区都进行得很顺利,但在燕王那里遭遇了很大阻力。建文帝命北平都指挥佥事张信秘密逮捕燕王,但张信反而向燕王告密,燕王从而依据《皇明祖训》中"朝无正臣,内有奸恶,则亲王训兵待命,天子密诏诸王统领镇兵讨平之"的规定,以"清君侧"为口号,举兵"靖难"。

燕王起兵之后,建文帝先后派遣残存的"濠梁旧雄"耿炳文

---

* 《明史·诸王传》《姜氏秘史》皆持此说。但亦有学者认为,此系朱棣编造。参见杨永康:《明初晋王朱棡事迹辨正——兼及〈太祖皇帝钦录〉的史料价值》,《史学史研究》2015年第3期。——编者注

和李文忠之子李景隆北伐，却先后失败，这反映出明朝武将集团经历过"胡蓝党案"的屠戮之后，军事能力甚至已经不如被朱元璋着意培养的诸王了。

在四年的战争中，朱棣依仗杰出的军事能力，统率北疆骑兵化程度较高、战斗能力较强的军队，与占据人数优势的明朝中央军队长期僵持不下。朱棣后来接受从建文帝那里逃来的宦官的建议，改从水路率军长驱南下。驻守在南京城外的陈瑄率朝廷水师归降，谷王朱橞开启金川门，建文帝仅率领少数几名近臣潜逃出城。朱棣夺取皇位之后，蒙古草原长期流传着朱棣是元顺帝遗腹子的传说。朱元璋确实经常纳死去的部下、对手的遗孀为妻，也确实曾纳元顺帝的妃子为妻，但朱棣并非元顺帝之子。这则传说其实反映的是明代蒙古在复兴"大元"无望的情况下，一种心理上的自我安慰。

朱棣即位之后，鉴于得国不正，大事更张，锐意进取。明末清初人张岱以报恩塔的修筑为例，指出永乐时代气象宏伟："中国之大古董，永乐之大窑器，则报恩塔是也。报恩塔成于永乐初年，非成祖开国之精神、开国之物力、开国之功令，其胆智才略足以吞吐此塔者，不能成焉。"[1]成祖"开国之功令"其中一项便是大力开拓边疆。在中国历史上，有个著名的"二世现象"，这便是历代王朝里，第二任皇帝，或者夺取了第二位皇帝皇位的第三任皇帝，往往着力开拓边疆。为什么会形成这种现象呢？这源于开国时期，政权在建立之初还很粗糙，制度设计不严密，内部还有很多漏洞，皇位传递中往往会出现问题。通过武力或阴谋夺取皇位者，为了弥补得国不正的形象，往往都倾向于通过开拓边疆，从而树立威望。秦始皇本来打算传位给长子扶苏，却被胡亥夺位，胡亥为平息非议、掩饰行径，于是大修长城。隋文帝立长子杨勇为太子多年，次子杨广却最终夺得帝位，杨广为了提升自己的威望，开凿大运河，修筑长城，东征高丽。唐太宗杀兄弟、逼父皇，在即位之后掀起开拓边疆的潮流。北宋太宗即位有"斧声烛影"之谜，成为皇帝之后，同样多次发动北伐。朱棣也是如此。

"五征三犁"

朱棣的边疆开拓，概括而言，便是向北五次进入漠北草原，其中三次遇敌，两次未遇敌而还，先后沉重打击了鞑靼、瓦剌和兀良哈，这也就是所谓的"五征三犁"；向南进入中南半岛，恢复对安南，也就是古交趾的直接统治；向东南海域派遣郑和六次下西洋。可以说，朱棣完全改变了朱元璋在边防政策上的防御基调。

朱元璋在消灭北元之后，大规模杀戮开国功臣，改而委派诸子在北部边疆进行防御，并命他们不得擅自进入漠北。在明军的严密防御之下，长期遭受打击的鞑靼和刚刚东进的瓦剌，以及归附明朝的兀良哈，都未对明朝展开大规模进攻。但"靖难之役"不仅改变了明朝的政治格局，还改变了明蒙的战略态势。在"靖难之役"中，建文朝廷对燕王采取包夹措施，为此先后抽调开平卫（在今内蒙古正蓝旗东闪电河北岸）、宣府前卫、辽东都司、东胜诸卫（在今内蒙古托克托县西）的军队，对北平形成围攻态势。与此同时，朱棣又用计裹挟了宁王朱权，征调宁王节制的北平行都司军队南下增援北平。建文朝廷与燕王的长期内战，导致明朝北疆防御十分空虚。借助这一时机，蒙古各部开始逐渐恢复，并不断进攻明境。此时与中央军队激战正酣的燕王，只能暂时与蒙古各部达成妥协条件，以免腹背受敌。

朱棣即位后，蒙古各部仍然不断南下，袭扰明境，并向明朝索要大量物资。朱棣在"靖难之役"获胜的鼓舞之下，模仿朱元璋的做法，派遣"靖难勋贵"中的第一武将丘福，统率十万军队北伐。但丘福轻敌冒进，全军覆没。从这个事例可以看出，出身于卫所一级的"靖难勋贵"（丘福原为燕山中护卫千户），与开国功臣相比，军事能力相差太远。鉴于武将群体不敷于用，朱棣只能亲自上阵，先后发动五次亲征，利用军队数量上的优势和从交趾获得的火器的优势，三次沉重打击了鞑靼、瓦剌、兀良哈。虽然"永乐北伐"基本实现了战术目标，但在战略上未能彻底征服蒙古各部，明廷仅仅与蒙古各部建立了宗藩关系，封鞑靼阿鲁

三 朱棣的"盛世" 049

台为"和宁王",封瓦剌马哈木为"顺宁王"。不仅如此,为支持连年的大规模战争,明朝耗费了大量钱粮,造成了严重的财政危机。永乐十九年(1421)冬,朱棣准备发动第三次北征,户部尚书夏原吉表示国库已空,难以为继,被朱棣下了监狱。朱棣虽然多次深入漠北草原,但从一开始,便不以直接统治这一地区为目标,永乐八年(1410)首次北伐时,朱棣便明确表露了北疆战略的主基调仍然是防御:"今灭此残虏,惟守开平、兴和、宁夏、甘肃、大宁、辽东,则边境可永无事矣。"[2]这一防线甚至比洪武时期的防线更为靠南,也就是说,新防线实际上是收缩了。事实上,朱棣一直没有恢复在大宁卫(今内蒙古宁城县西大明镇)的军事经营,永乐末年,在鞑靼威逼之下,甚至进一步内徙兴和卫(今河北张北县),防线进一步内缩。

"中华亚洲秩序"的辉煌时代

秦汉以后,历代中原王朝长期在中南半岛设置郡县,进行直接统治。五代、两宋由于国力衰弱,才改为与中南半岛结成宗藩关系。蒙古帝国瓦解后,原来归附于元朝的安南,也开展起独立运动,并向北越过元朝疆界,占领了中国西南部分边疆。明朝建立后,朱元璋曾谕令安南归还所侵占的土地,被当时的陈朝拒绝。

朱元璋不愿在西南边疆大兴兵戈，于是并未征伐安南。"靖难之役"时，陈朝也发生了内乱，权臣黎季犛灭亡陈朝，建立了胡朝。

永乐二年（1404），陈氏后裔陈天平前往明朝，请求朱棣出兵，恢复陈朝。与此同时，中南半岛南部的占城国也在胡朝进攻之下，向明朝求救。而胡朝也在不断蚕食明朝的西南边疆。面对胡朝的强势崛起和不断威胁，朱棣最初仍延续朱元璋制定下来的国策，并未有兴兵之念，而是派遣使者护送陈天平回安南，表达了和平解决的愿望。但胡朝在途中击杀了陈天平和护送的明军。在这种形势下，朱棣为保障西南边疆，维护明朝在东南亚地区的宗主国权威，对胡朝发动大举进攻，很快便灭亡胡朝。灭亡胡朝之后，朱棣在安南设置交趾布政司，下设郡县，从而再次恢复了中国对越南北部的直接统治。不过另一方面，也应该注意到，朱棣在东南亚的经营较为有限，而仅仅向对明朝构成威胁的安南用兵，其实是一种自我防卫，并非主动经营，同时也未用兵于其他东南亚国家。

永乐时期，朱棣对外政策的一大壮举是派遣郑和下西洋，东南亚、西亚大量国家和政权，十分震惊于郑和宝船的壮观和货物的精美，从而派遣使者前往南京，开展朝贡贸易，由此极大地扩大了明朝在海洋世界的政治影响。另一方面，对于这些国家和政权，朱棣同样满足于建立宗藩关系，而未有直接统治的政治愿望。

可见，朱棣为弥补得国不正的形象，虽一改洪武朝内敛的疆域政策，在北方陆疆、南方陆疆与东南海疆多次开展大规模

三 朱棣的"盛世"

行动,但除了恢复中国在中南半岛的直接统治之外,在其他地区一直都满足于维持洪武时期已经形成的宗藩秩序,疆域政策和格局基本仍在洪武旧局之中。中国古代汉人政权建立在农业经济的基础上,国家财政也依托于有限而脆弱的农业收入,边疆地区由于气候、地形条件不适合大规模开展农业,从而造成边疆开拓成本较高但收获不大,在经济上并不划算,因此中央政权对于边疆开拓大都呈现出谨慎、有限的特征,满足于在亚洲,尤其是东亚、东南亚、中亚,维持以中国为中心的松散的"中华亚洲秩序",对于积极扩张、占领周边地区并不热衷。朱棣虽然在边疆地区多有更张,但政治观念仍然局限于这一历史传统之中,以扩大以明朝为主宰的"中华亚洲秩序"为最终目的,而并未有兼并、统治周边地区的政治欲望,并未如同一时期亚欧大陆其他文明那样,在全球范围内开展积极扩张,仍只是满足于充当亚洲一隅的天下共主,而非全球化时代的开创者——虽然此时的明朝已经完全具备了这一条件。因此,永乐时期"四海咸宾",气象恢宏,甚至逾越汉唐,达到了"中华亚洲秩序"的高峰,但仍然属于传统的区域国际秩序,而未向着全球化的时代迈进。

四
郑和的"绝唱"

可追忆的蒙古帝国
空前强大的水军
"海禁"政策
郑和下西洋的历史指向
消逝的传统航海时代

可追忆的蒙古帝国

蒙古帝国在很短的时间内，建立起世界历史上疆域空前辽阔的庞大帝国，打破了不同文明在不同区域分途发展的历史格局，为人类密切往来提供了广阔大道。这种地缘格局由于打破了不同政权之间的政治藩篱，对于商业之间的互通有无十分有利。蒙古帝国治下的不同政权、不同人群，开始利用这一开放的地理空间，无论在陆路，还是在海路，都开展起发达的跨境贸易。人们的视野变得空前开阔，许多旅行家记载了远方异域的神奇见闻，鼓舞了后世人们的追寻脚步，即使蒙古帝国瓦解了，这一脚步也没有终止。从这个角度而言，无论郑和下西洋，还是大航海时代，都是在追寻蒙古帝国那遥远的记忆。

郑和下西洋，是现在大家耳熟能详、津津乐道的一个历史事件。郑和率领的船队，是当时世界上规模最大、武器配备最先进、战斗力最强的船队，郑和甚至被誉为"大航海时代"的先驱,美洲的最早发现者。但与之形成鲜明对比的是,在1905年梁启超发表《祖国大航海家郑和传》一文之前,郑和一直都默默无闻,甚至在明朝还被认为是逢迎主上、耗费国力却一无所获的奸佞代表。

历史现象虽然是客观存在的,但对于历史现象的记载、评价,一直都是主观的。经历一段时间之后,我们所接触的任何历史现象,都已经被后世附加上浓厚的主观感情投射。即使如此,郑和的形象在生前与死后、古代与当今发生剧烈变化,甚至完全不同,像这样的历史现象,仍然是不多见的。这是由于当今的时代与过去已经完全不同,人的看法完全变了,对于历史的认知也完全变了。过去是异乡,永远回不去的异乡。

一个世纪以来,关于郑和下西洋的研究成果非常多,但人们似乎都忽略了一个问题,为什么郑和下西洋会出现在明初,而不是其他时期?这个时期到底发生了什么,为这一现象的产生提供了历史土壤?

空前强大的水军

与其他时期的农民起义不同,元末红军领袖许多都起家于海外贸易,红军也在南方湖泊遍布的地理环境下,发展出十分强大的水军。张士诚、方国珍都是走私海盐出身,地盘又都在东南沿海,拥有强大的水军实在情理之中。而崛起于长江中游的陈友谅,水军实力更强。在决定朱氏政权、陈氏政权命运的关键性战役——鄱阳湖水战中,陈友谅的水军实力获得了充分展现。《明史·陈友谅传》载:"友谅忿疆土日蹙,乃大治楼船数百艘,皆高数丈,饰以丹漆,每船三重,置走马棚,上下人语声不相闻,橹箱皆裹以铁。载家属百官,尽锐攻南昌,飞梯冲车,百道并进。"由此可以看出陈友谅的舰船规模巨大、结构复杂、功能多样,并通过船载骑兵的方式,实现了水战与骑战的结合。

朱氏政权虽然崛起于淮河流域,但凭借巢湖水军夺取南京,因此水军实力也不可小觑。朱氏政权水军火器配备十分齐全。《国初群雄事略》载:

> 陈友谅亲率大船进鄱阳湖来侵,徐达弃围援之。上亲领舟师往征,衣甲、铠仗、旗帜、火炮、火铳、火箭、火蒺藜、大小火枪、大小将军筒、大小铁炮、神机箭及以芦席作圈,围五尺,长七尺,糊以纸布,丝麻缠之,内贮火药捻子及诸火器,名曰"没奈何",用竿挑于头桅之上,两船相帮,燃火线,烧断悬索,"没奈何"落于敌船舟中,火器俱发,焚毁无救。

在鄱阳湖水战中，朱元璋正是针对陈友谅船舰巨大，却较为笨重的缺点，借助风势，利用火攻，从而取得了战役的胜利。《国初群雄事略》又载：

> 戊子，上分舟师为十二屯，命徐达、常遇春、廖永忠突入虏阵，呼声动天地，矢锋雨集，炮炮雷铳，波涛起立，飞火照曜，百里之内，水色尽赤，焚溺死者二三万人，流尸如蚁，弥望无际。

从这里描写的战争场面，足见鄱阳湖水战之壮观，将之称为世界古代历史上最大规模的水战之一，应无问题。

鄱阳湖水战后，朱元璋军队缴获了陈友谅水军大量船只、装备，从名称也可以看出陈友谅水军战舰形制巨大："获巨舰名'混江龙''塞断江''撞倒山''江海鳌'者百余艘，及战舸数百。"[1]这支庞大水军极大地壮大了朱元璋政权的水军实力，并成为后来朱元璋威逼周边海洋国家的依仗。洪武二十六年（1393），得知朝鲜"欲冠辽东"，朱元璋十分生气，毫不掩饰地说出明朝水军实力远胜汉唐，具有经营海疆的军事资本。《明太祖实录》载：

> 尔之所恃者，以沧海之大、重山之险，谓我朝之兵，亦如汉唐耳。汉唐之兵长于骑射，短于舟楫，用兵浮海，或以

为难。朕起南服江淮之间，混一六合、攘除胡虏，骑射、舟师、水陆毕备，岂若汉唐之比哉？百战之兵，豪杰精锐，四方大定，无所施其勇，带甲百万，舳舻千里，水颿渤澥，陆道辽阳，区区朝鲜，不足以具朝食，汝何足以当之！

了解到这一点，便不会对郑和七下西洋的航海壮举感到惊讶了。永乐、宣德时期，郑和能够组建起由62艘长44丈、宽18丈的舰船组成的船队，运载27 000多名船员，七下西洋，完全体现了明初位居世界首位的水军实力。与之相比，半个多世纪后，哥伦布、麦哲伦等开启远洋航行时，仅仅率领几条小船、数十名船员，与郑和完全不在一个等级。

"海禁"政策

在如此强大的实力基础之上，朱元璋在开国之初，却明确宣布放弃东亚海域。在《皇明祖训》中，朱元璋列出不主动征伐的"四方诸夷"，针对的便是东亚、东南亚国家。

而对于民间的海外贸易，朱元璋鉴于其他红军支系残余、日本武士在东南沿海可能造成的威胁，实行"海禁"政策，禁止民间开展海外贸易。"凡将马牛、军需、铁货、铜钱、缎匹、绸绢、丝棉私出境外货卖及下海者，杖一百。"[2]南宋、元朝十分注重海外贸易，在国家财政体系中，已经开始将农业税收与海外贸易结合起来。而朱元璋则从这一新型财政制度再次退回到中国古代传统的农业财政，虽然也征收商税，但只是将之作为农业税收的补充。

那么，朱棣派遣郑和下西洋，是否意味着他有意突破朱元璋的海洋立场呢？关于朱棣为何派遣郑和下西洋，明朝人提出了很多观点，有人认为是为了寻找建文帝，有人认为是为了寻求异域珍宝。其实这些观点都无法成立。寻找建文帝不至于派出如此大的阵仗，胡濙长期为朱棣担负秘密寻查建文帝下落的任务，却一直行踪隐秘，不事声张。以郑和下西洋如此大的规模，即使建文帝流落海外，也会在听闻声息之后，再次逃遁。至于寻求异域珍宝，更不符合事实，郑和船队所赏赐给沿途国家的财物，远远多于从这些国家所获取的。

事实上，建文四年（1402）七月，朱棣初即位，在海洋政策上，便宣告严格继承洪武"海禁"政策："缘海军民人等，近年以来，往往私自下番，交通外国。今后不许，所司一遵洪武事例禁治。"[3]永乐二年（1404），朱棣再次禁民下海，并且颁布更为严格的船只标准："福建、浙江濒海居民私载海船，交通外国，因而为寇，郡县以闻。遂下令禁民间海船，原有海船者悉改为平头船，所在有司防其出入。"[4]

对于明初以来迁移到周边海岛的海外华人，朱棣采取剿抚并用的方式。对于已进入南洋政权的海外华人，明廷命当地政权遣还。郑和下西洋过程中，最大规模的军事作战，针对的是海外华人陈祖义，而非当地政权。对于同样采取敌对行为的锡兰国王，郑和采取宽容态度，充分展现了明朝对海外华人、南洋政权所秉持的截然不同的政治立场——对海外华人要严厉得多。

朱棣的政策明确表达了对海外华人不支持、不认可，甚至将之视为乱民、敌对者的政治立场。这种政策对东南沿海华人下南洋和在南洋的势力扩张，形成了很强的政治约束，导致明前中期东南沿海居民下南洋的现象明显减少，大幅缩小了海外华人的生存空间。而对于这一做法，明中后期的人也表达了赞同的态度："然则［郑］和岂贸易珍宝之使哉！除异域之患，为天子光，和亦贤矣。"[5] 由此可见明中后期海洋政策的保守特征。

郑和下西洋的历史指向

这一时期，朱棣虽然派遣郑和下西洋，开始远洋航行，但并未有将明朝势力扩展于海洋边疆的政治愿望，而只是将宗藩体系进一步推广于海洋世界，扩展"中华亚洲秩序"，而非发展海外贸易。永乐七年（1409），郑和第二次下西洋，朱棣的敕谕明确表明这一历史内涵。

> 皇帝敕谕四方海外诸番王及头目人等：朕奉天命，君主天下，一体上帝之心，施恩布德。凡覆载之内，日月所照，霜露所濡之处，其人民老少，皆欲使之遂其生业，不致失所。今特遣郑和赍敕，普谕朕意：尔等祗顺天道，恪遵朕言，循理安分，毋得违越，不可欺寡，不可凌弱，庶几共享太平之福。若有撼诚来朝，咸锡皆赏，故兹敕谕，悉使闻知。永乐七年三月□日。[6]

宣德六年（1431），郑和、王景弘等在第七次下西洋之前，在福建长乐（今福州市长乐区）南山重修天妃行宫，立碑以彰显天妃神迹，同样表明了这一政治目的："皇明混一海宇，超三代而轶汉唐，际天极地，罔不臣妾。其西域之西、迤北之国固远矣。而程途可计，若海外诸番实为遐壤，皆捧琛执贽，重译来朝。皇上嘉其忠诚，命和等统率官校旗军数万人，乘巨舶百余艘，赍币往赍之，所以宣德化而柔远人也。"[7] 跟随郑和一同出使的费信，也表达了同样的观点："夷狄之邦，则以不治治之……太宗文皇帝继统，文明之治格于四表，于是屡命正使太监郑和、王景宏、侯显等，开道九夷八蛮，钦赐玺书、礼币。皇风清穆，覃被无疆，天之所覆，地之所载，莫不贡献臣服，三五之世不是过矣……夫王者无外,王德之体,以不治治之。"[8]

可见,郑和下西洋仍然属于传统航海时代的范畴,虽然规模巨大,但在历史指向上,并非为了探索全球,建立新的世界经济体系;而是为了扩展以中国为核心的区域国际秩序,促成"万国来朝"的政治局面。而明朝在沿海地区实行的"海禁"政策,与国内日益发达的商品经济形成了严重冲突,沿海军民多私自出境并武装起来,与日本武士联合以自保、壮大,这便是明后期,尤其是嘉靖时期"倭寇"的由来。

郑和下西洋的活动之所以能够开展,还与元代的远洋航行为明朝人打开了空前广阔的视野,并提供了丰富而翔实的航海地理知识有关。现存绘制于1389年的《大明混一图》,是依据元朝航海图重绘而成,该图以明朝为中心,东起日本,西抵欧洲,南至爪哇,北达蒙古,真实反映了蒙古帝国的统治局面。而朱棣之所以派遣郑和统率船队,是因为郑和是回族,信仰伊斯兰教,便于与当时控制着世界贸易的阿拉伯商人交往。

消逝的传统航海时代

郑和下西洋之后,明朝逐渐实行疆域收缩政策,再未于东亚海域开展官方远航行动。成化时期,明宪宗曾命太监到兵部查阅

《宣德间王三保出使西洋水程》，当时的兵部尚书项忠奉命翻阅档案，寻而不得，原来是被兵部车驾司郎中刘大夏率先寻得，藏了起来。项忠问刘大夏档案所在，刘大夏曰："三保太监下西洋，费钱粮数十万，军民死者万计，纵得珍宝，于国家何益？旧案虽在，亦当毁之，以拔其根，尚究其有无耶？"项忠受到刘大夏的提醒，十分感谢，"耸然出位，揖而谢之曰：'公阴德不小，此位不久属公矣。'"后来刘大夏果真当了兵部尚书。[9]

值得注意的是，明朝对于海外贸易和海疆经营采取如此内敛、谨慎的态度，可能与明朝政权崛起于淮河流域有一定关系。朱元璋出生于淮河流域，对于海外贸易并无直接接触，相应地缺乏继承南宋、元朝海外贸易的个人基础。与之不同，陈友谅则占据长江上游的湖广行省，统治核心为以渔业为生、以白莲教为纽带联合起来的长江渔夫。张士诚、方国珍居于长江下游的江浙行省，皆以贩卖私盐为生，活动范围又及于东海，统治核心是以盐业为生的江海盐商。相对于朱氏政权，这三个政权的统治群体与海外贸易具有更多的关联，却未能取得最后的成功。这是自先秦以来，农业文明不断战胜商业文明，在中国历史上发挥主导角色的再次上演。这其中蕴含了中国文明的何种历史特征，是值得进一步思考的。

总之，在世界近代史开启之初，在全球化的时代背景下，郑和下西洋的远洋航行，依托元代中国商人积累的丰富的航海知识，与明朝强大的水军力量，将传统航海时代推到了顶峰，却由于政治意识仍然局限于传统时代，未能引领世界走向新的航海时代。真正引领世界走向浩瀚而壮阔的海洋，将其转变为人类历史的交通大道的，是西欧几条小船开启的"大航海时代"。

五
内阁的崛起

永乐中枢的一分为三
仁宣时代的权力洗牌
正统初期的朝局
内阁的上位

永乐中枢的一分为三

朱元璋加强皇权专制，废除丞相，直接统领百官，通过朝堂议政做出决策。这一制度虽然能够保障皇帝对文官集团的绝对控制，但皇帝一人处理全国政务，实在劳累，后世如果遇到稍微怠政的皇帝，全国政务便会陷入瘫痪的处境。因此，这一中枢政治体制必须要有所变通，否则很难长期推行下去。

朱棣即位后，开始设置内阁，使其部分地承担丞相的职能。所谓"内阁"，就是文渊阁，位于紫禁城的东角门，最初是明朝在宫廷之内藏书的地方。朱棣入继大统，在新政权建立之初，需要发布大量诏书，于是从翰林院官员、中书舍人等近侍官员中，选择部分主动归附又有才华之人，进入文渊阁，负责起草诏书，这便是内阁制度的起源。可见，从一开始，内阁便不是一个正式机构，而是皇帝选拔的秘书团队工作的场所。永乐时期，内阁与六部一起协助朱棣，做出中枢决策。朱棣曾说："六卿治政务，翰林职论思典词命，皆朝夕左右者也。"[1]不仅如此，随着朱棣皇位逐渐稳固，内阁七人也逐渐分化，不再从属于一个政治群体。七人之中，解缙最具才气，起初也最受朱棣赏识，但由于介入到朱棣诸子的储位争夺之中，被人用酒灌醉，埋于雪中而死。其他六人，伴随着永乐政局的发展，各有不同的政治遭际，大体分属三个政治集团。

迁都北京之前，朱棣由于时常北征与巡幸北京的缘故，经常不在南京。而太子朱高炽，也就是后来的明仁宗，负责在南京监国。皇太孙朱瞻基，也就是后来的明宣宗，在朱棣首次北征时，留守北京，充当朱棣与朱高炽之间的联络人。由于朱棣长期离开南京，部分官员跟随左右，处理朝政要务，其他多数官员便与太子、太孙一同监国、留守，负责处理朝廷庶政。这样，永乐时期，政治中枢便一分为三。一是北巡集团，包括朱棣及随从北征、巡幸北京的诸王及文武官员，文官主要是翰林编修杨荣、检讨金幼孜和侍读胡广。胡广于永乐十六年（1418）去世，该集团文臣仅余杨荣、金幼孜二人。杨荣主要负责参谋军务，而金幼孜则主要陪伴朱棣吟诗作赋，抒发塞外之情。二是监国集团，包括太子朱高炽，以及辅助监国的吏部尚书蹇义、兵部尚书兼詹事金忠、右春坊大学士兼翰林侍读黄淮、左春坊大学士左谕德兼翰林侍讲杨士奇等。永乐十一年（1413）后，监国集团中又增加东宫洗马杨溥。由于朱棣猜忌太子，监国集团诸大臣不断遭受政治打击，黄淮、杨溥于永乐十二年（1414）入狱，金忠于永乐十三年（1415）卒，该集团中仅剩蹇义和杨士奇二人。三是留守集团，即皇太孙朱瞻基和他的师傅、户部尚书夏原吉在永乐八年（1410）居于北京时所形成的政治集团。留守集团主要负责处理北京行政事务，联系南京与行在。

三大政治集团在长期政务处理和朝夕相处中，内部认同感逐渐形成。由于朱棣与太子关系不睦，三大集团之间存在着一定的拒斥感。杨士奇、杨荣、金幼孜这些被后世称为"阁臣"的翰林官也相应地产生了分化。如跟随朱棣的杨荣、金幼孜得到了升迁，而杨士奇获罪，便是一个很好的例证。在三大政治集团中，监国集团内部的认同感是最强的。这源于太子与朱棣长期关系紧张，黄淮、杨溥、杨士奇先后获罪，前二者更是入狱十年。此间甚为凶险艰难，太子集团协力共济，始得获全。此种命运相连、祸福与共的政治处境使监国集团内部产生了十分深厚的情感，而对北巡集团抱有敌意。仁宗去世之前，曾经和蹇义、杨士奇二人有过一场推心置腹、令人动容的谈话。

> 明日早朝，罢，召蹇义、臣士奇至奉天门，谕曰："监国二十年，为谗慝所构，心之艰危，吾三人共之。赖皇考仁明，得遂保全。"言已泫然。义、士奇亦流涕。臣士奇对曰："今已脱险即夷，皆先帝之赐，陛下之诚之效，更不烦圣明多虑。"上曰："即吾去世。后谁复知吾三人同心一诚。"遂

出二敕二印,赐两人。臣士奇得"杨贞一"印,敕曰云云。皆拜受而退。盖逾月官车宴驾矣。[2]

留守集团在政治立场上相对中立一些。一方面,太孙为太子之子,将来能否登基取决于乃父地位是否稳固,他们认同监国集团是不言而喻的。另一方面,朱棣虽不喜太子,却非常喜欢太孙,太孙性格类于朱棣,祖孙关系十分融洽,朱棣也让夏原吉、杨荣等朝廷重臣辅导太孙,实际上借此培养太孙在朝廷中的势力。太孙由于曾追随朱棣北征的缘故,与北巡集团中其他成员也有着较多的接触。故而太孙对于北巡集团之立场,便不如监国集团那样敌视。永乐十八年(1420),明朝迁都北京后,虽然三大中枢集团一度合并,但中枢政治中的这种势力分野,并未随之消失,而是延续了下来,并奠定了洪熙朝的中枢政治格局。

仁宣时代的权力洗牌

成祖朱棣在北征途中"晏驾",太子朱高炽继位,庙号仁宗,年号洪熙。三大中枢集团分立的态势失去了依托,归并为一。表面来看,洪熙中枢政治格局延续了永乐旧貌,只是将三大中枢集团加以归并罢了。蹇义、杨士奇因有翼戴之功，理所当然地进入政治中枢。夏原吉属于留守集团，又曾经多次维护太子，也理应占据政治中枢的一个名额。杨荣、金幼孜作为先朝旧臣，虽属北巡集团，但并未与监国集团交恶，在朱棣去世之后，稳定了局势，为仁宗顺利即位提供了条件，因此二人地位也得以保留。至于黄淮、杨溥，因长期系狱，虽为监国旧臣，但已被排斥出既成的政治格局。

虽然三大中枢集团中的固定成员都进入了新朝中枢政治集团，并未出现某一势力清洗其他势力的局面，但五位官员在政治中枢中的地位已悄然发生变化。这源于仁宗对自己在永乐年间的遭遇记忆犹新，仍在脑海中保持着三大政治中枢集团的界限，故以人事关系为准则，重新组建中枢政治格局。

仁宗即位之后，最受重用的是蹇义、杨士奇二人。夏原吉官居户部尚书，是正二品，杨士奇作为翰林侍讲，仅正六品，位次在夏原吉之后。仁宗信任杨士奇，便想将他排在夏原吉前面。但按照洪武祖制规定，翰林官最高可升为正五品的殿阁大学士，仁宗无法通过提升官职的形式，使杨士奇地位超越夏原吉。面对祖制的限制，仁宗采取迂回的办法，转而倚重虚阶，重新排定五臣地位。明代官制中，品级最高的莫过于正一品的"三公"（太师、太傅、太保）和从一品的"三孤"（少师、少傅、少保）。蹇义被授予少师之衔，地位仅次于三公；杨士奇从正六品，一跃而进少傅、礼部侍郎兼华盖殿大学士，从一品，地位仅低于蹇义；夏原吉被授少保，地位低于杨士奇，三人从而位列三孤。而杨荣和金幼孜尽管在永乐时地位已在杨士奇之上，此时因为与仁宗关系疏远的缘故，让位于下，分别被授予太子少傅、工部尚书兼谨身殿大学士，正二品，太子少保、户部右侍郎兼武英殿大学士，正二品，仅被纳入三少序列。可见，杨士奇不仅后来居上，成功超越同僚杨荣、金幼孜二人，而且进一步打破阁部品位格局，带动了内阁地位的提升，只不过这种提升源于仁宗与杨士奇的私人关系，而非内阁制度的内在驱动。

在蹇义、杨士奇职位的安排上，仁宗延续了旧的制度规则，仍然尊崇吏部作为百官之首的地位，命蹇义仍居杨士奇之上。在政治运作中，蹇义地位也高于杨士奇。蹇义的墓志铭写道："仁宗皇帝初嗣位，一切政议，预者三、四人，而公居首。"[3]

仁宗不仅借助品位制定，提升了蹇义、杨士奇二人的地位，在实际决策中，也最倚重此二人，但鉴于其他三人也是政治中枢成员，在朝堂议政中难以直接排斥，于是通过单独赋予二人银章密奏之权，构建另外的交流渠道，使部分事务由三人私下决断。由此可见，仁宗时期政治中枢的决策体制，并非依据部门，而是依据诸臣与仁宗关系的亲疏程度而建立。

仁宗去世的时候，太子（也就是后来的宣宗）还在南京居守。张太后于是任命与太子关系最好的夏原吉临时主持朝政。太子不了解这个情况，到了北京城外，看到前来迎接的朝臣中没有夏原吉，很不高兴，见到太后之后，太子才知道是有所安排。入宫之后，太子还专门和夏原吉谈话，指出自己最倚重的人便是他："卿奉皇祖命辅朕有年，朕以卿非他人比，卿当以事皇祖者事朕。"[4]从这个例子也可以看出，二人在居守北京时形成的政治友谊长期延续了下来。宣宗即位之后，最为倚重的也是夏原吉。不过，虽然宣宗最信任夏原吉，但在朝政处理的过程中，对富有政治智慧的杨士奇和富有谋略的杨荣，也十分欣赏，对于蹇义也很看重；与之相比，金幼孜由于能力不足，已被排除在政治中枢之外。宣宗在中枢决策中，发明了集体决策的形式，经常召见夏原吉、蹇义、杨士奇、杨荣四人，命四人先用墨笔将对奏疏的批答，写在小字条上，再把小字条贴在奏疏上面，称为"票拟"；自己看过奏疏之后，如果觉得票拟意见得当，就原样照抄，如果意见有所不同，就加以修改，用红笔在奏疏上写上最后处理意见，称为"批红"。可见，宣宗时期的中枢政治是一种跨部门的贤臣政治。

正统初期的朝局

英宗8岁即位，无法亲政，这对朱元璋确立的皇帝独裁朝政体制构成了严重冲击。当时群臣提出的首个方案是张太皇太后垂帘听政。这一提案也符合张太皇太后在仁宣时期的政治地位。张氏十分精干,甚至仁宗得继帝位,也与她的扶助有很大关系。朱棣一直对太子很不满意,多次想将他废黜,最终未改易储君,与张氏十分贤惠,甚得成祖夫妇喜爱有很大关系。"后始为太子妃,操妇道至谨,雅得成祖及仁孝皇后欢。太子数为汉、赵二王所间,体肥硕不能骑射。成祖恚,至减太子宫膳,濒易者屡矣,卒以后故得不废。"仁宗即位以后,张氏虽不干政,但在朝廷舆论中,威望甚高,"及立为后,中外政事莫不周知"。仁宗暴卒后,张氏居中筹措,保持了政权的稳定过渡,不仅严防汉王朱高煦夺位,为宣宗登基铺平了道路;而且在宣宗即位之初,张氏仍参与政务,"军国大议多禀听裁决"。[5]待宣宗熟悉朝政后,张氏才退居后宫,不过仍洞察朝政。

但朱元璋在开国之初,便颁布了严禁后宫干政的祖训:"治天下者,正家为先。正家之道,始于谨夫妇。后妃虽母仪天下,然不可俾预政事。"[6]因此张太皇太后以"非祖宗家法"为由,明确拒绝了垂帘听政这一建议。但由于英宗年幼无法亲政,皇族之中势必要有人代理皇权,张太皇太后于是采取了间接干政方式,即通过将中枢决策从之前的皇帝与官僚集团共商国政的方式,转变为内阁票拟、宦官批红相结合的方式。而重大事务,由她和孙太后一起裁决,"凡国家重务,皆上白皇太后、皇后,然后施行"[7]，从而在后宫掌控朝政大局。

内阁的上位

永乐至宣德时期的这种中枢政治体制，在英宗即位后发生了巨大改变。户部尚书夏原吉已于宣德五年（1430）去世，吏部尚书蹇义也在英宗即位十余日后病故，前代政治中枢中的人员仅存阁臣杨士奇、杨荣二人，张太皇太后于是又将监国集团中的杨溥援引入内阁，形成所谓的内阁"三杨"。

由于英宗年幼，无法主持朝堂议政。张太皇太后命令每日早朝，英宗仍然照常临朝，但文武官员只能上奏八件事，而且这八件事还要写好奏疏，与其他政务奏疏一同提前交给内阁，由内阁按照宣德时期票拟的惯例，预行决策。因此，正统时期，朝堂议政实际上被停废了，转而以奏疏批答形式替代。内阁由此排斥六部，垄断了预行决策的权力，从而在正统前期形成内阁三杨共同主政的政治格局。

鉴于自身的这一权力只是特殊时期的权宜之计，阁臣竭力想将自己在政治中枢中的垄断地位保持下来。为此，阁臣致力于和英宗形成私人关系，以维护未来内阁的地位。他们想到的办法，是创立教育英宗的经筵日讲制度。阁臣不仅自己主持经筵日讲，而且选拔内阁的大本营——翰林院的官员,负责日常的经筵日讲授课。通过这种办法,内阁不仅将对皇帝的教育权从宫廷的宦官那里夺了过来,而且阻断了六部与英宗形成私人关系的机会。

可见,正是在三杨时期,内阁的地位才真正确立。万历时期的官员沈德符评价道:"阁臣自三杨以后,体貌渐成真相。"[8]明中后期内阁也一直延续三杨的政治做法,极力控制经筵日讲,切断六部与皇帝之间的密切接触,从而维护自身在政治中枢中的独大地位,并在时机具备之时,通过人事安排和权力斗争,控制六部长官,甚至干预六部政务,从而实现内阁对六部的权力渗透。明朝尤其是晚明,内阁与六部的权力争夺,根源便在于此。

但另一方面,虽然内阁权势逐渐提升,不过从始至终,内阁一直都只是协助皇帝处理政务的秘书机构,其定位并非法定意义上的丞相,更不是统领百官的文官之首。在职权上,内阁"不置官属,不得专制诸司"[9],只有议政权而无最终的决策权,更无执行权,因此内阁一直无法直接指挥以六部为首的文官集团。嘉靖至隆庆年间,内阁权势大幅增长,出现夏言、严嵩、高拱这样的权臣,九卿如同下属一样遵奉内阁,阁臣已经到了虽无宰相之名而赫然有宰相之实的地步。但即使如此,内阁权势仍未获得制度法认可。万历初年,张居正主政,推动内阁权势达到空前绝后的地位。张居正改革考核制度,由内阁对六科进行考核，而六科负责对六部进行考核，借此实现对六部的制度化管理。但这一制度自出台之日起，便遭到六部的强烈反对。张居正死后，六部也将此作为张居正的罪状之一加以攻击，该制度也被作废。

六
多面的宦官

三轨体制中的宦官
史书和智化寺里的王振
史书之外的明代宦官

三轨体制中的宦官

宦官的身影,在世界古代政治中并不罕见。但很少有国家像古代中国那样,宦官在政治生活中长期发挥着重要影响。中国古代的宦官之所以能扮演如此重要的角色,是因为中国古代长期实行君主专制制度,皇帝不仅需要大量宦官服务宫廷,而且需要培植完全听命于自己的势力,以牵制庞大的官僚集团。宦官作为皇帝的奴才,权力完全来源于皇帝,因此是皇帝完全可以信赖的一支私人政治势力。

在中国古代的历史上,宦官拥有巨大的政治能量,他们在历史舞台上起到重要作用的时期主要有三个:汉、唐、明。汉末宦官操控朝政,打击外戚、文官;晚唐宦官掌握兵权,可废立皇帝;而明朝宦官权势再大,即使像魏忠贤这样能够专制朝政的权宦,也只能在崇祯帝一纸诏书面前,选择自尽于道路一旁。可见,与汉、唐时期的宦官相比,明朝宦官即使权势再大,也始终处于屈从于皇权的附属地位。但明朝宦官对于政治乃至社会的影响，相较于汉、唐时期的宦官来说，更为全面而深入。这根源于明朝加强皇权专制之后，需要有人能够为皇帝提供长期、全面、系统的决策帮助。承担这一角色的，不仅有内阁，还有宫廷之中的宦官。普遍渗透进入明代政治的宦官，形象相应也展现得更为充分和多样，这对于真正认识他们，具有很大的帮助。

洪武前期，朱元璋要建立朱氏皇族"家天下"的格局，他所信赖的是诸王，对于宦官要求十分严格："内臣但备使令，毋多人。古来若辈擅权，可为鉴戒。驭之之道，当使之畏法，勿令有功，有功则骄恣矣。"[1] 朱元璋只是将宦官定位于服侍宫廷，禁止宦官干政典兵，"其在宫禁，止可使之供洒扫，给使令而已。岂宜预政典兵？"[2] 并且朱元璋还明确规定，"内臣不得干预政事，预者斩"[3]。洪武末年，明朝便在宫廷之中设立了二十四衙门，其职责最初也是处理皇室宫廷事务，不参与政事。虽然朱元璋也有派遣宦官出使、阅军之事，但事权都很轻微，不成定例。

建文帝复兴文治，对于宦官约束同样严格，这才有"靖难之役"中宦官叛逃到朱棣那里，汇报南京防御空虚之事。宦官权势的大幅增长，是在永乐时期。朱棣以武力夺取帝位，饱受士大夫非议，担心官僚集团会发生叛乱，因此在中央设置由宦官负责的东厂，专门监督官僚系统；在地方则设置镇守太监，监督各地掌握军权的总兵官。仁宗、宣宗时期，明朝政权已经十分稳固，两位皇帝又致力于复兴文治，因此宦官权力有所下降。

正统时期，宦官开始进入政治中枢。年幼的英宗不仅无法主持朝堂议政，也无法批红。张太皇太后、孙太后想和内阁商议政务时，也需要传话人。张太皇太后于是想到了英宗的授书宦官王振，让他担任司礼监秉笔太监，负责代英宗批红、传达后宫旨意。因此，内阁和司礼监是在英宗年幼，无法亲政的情况下，在宫廷之中形成的两个秘书机构。李洵认为内阁和司礼监就是明代皇权结构下的一对"双胞胎"。[4]至此，明代宦官制度基本形成。

明朝宦官最大的特征就是制度化。在中央，有二十四衙门参与政事；而地方战略要地设置守备太监、镇守太监、分守太监、监枪太监，宫廷临时有事，还会派出不同名目的太监。上到宫廷，下到地方，明朝宦官构成了听命于皇帝、自成体系的宦官系统，从而与文官系统、武将系统，形成"三轨"并立的政治格局。明朝宦官权势很大，却无法对皇权造成威胁，原因是明代宦官始终没能像唐代宦官那样完全掌握军队。无论中央军队，还是地方军队，一直由宦官、文官、武将共同掌握，三者之间互相制约，谁都无法成为挑战皇权的政治力量。

明朝二十四衙门之中，权力最大的是司礼监、御马监和东厂。宦官通过这三个机构，参与并干涉明朝中央的行政、军事权力运作。司礼监负责代替皇帝批红，御马监负责管理宫廷马匹并掌管部分兵权，东厂负责监视官僚机构。司礼监拥有批红权，但只是在皇帝忙碌不愿批答奏疏时，才能代劳，决策权仍掌握在皇帝手中，皇帝随时可以将批红权收回。只有部分不喜处理政务的皇帝，比如武宗和熹宗，才较为固定地让宦官批红，对于批红内容也不怎么审查。即使如此，司礼监也不能通过批红而自作主张，一般情况下都要尊重内阁的票拟，不能有大的改动。因此，权势较大的宦官不仅注重批红权，同时注重控制内阁，通过左右阁臣的人事选择，里应外合，才能真正控制朝政，比如刘瑾、魏忠贤都是如此。

至于地方各级宦官，主要负责监军，承担皇帝耳目的功能，对于地方军政事务虽有干涉，但基本尊重文武官员的军政权力。地方各级宦官的一个职责，是进献地方上的各种珍稀物品。中国古代文武官员虽然听命于皇权，但在儒家思想的影响下也有大臣的立场和气节，对于皇室在规定以外的各种需求，如果认为会劳扰百姓，就可能拒绝。但宦官作为皇帝的私人奴仆，完全听命于皇室，较少有政治顾虑，因此是为皇室搜罗地方奇珍异宝的主要力量。如宣宗喜欢玩乐，经常派遣宦官到地方上采办珍稀物品，给地方带来了很大压力。《聊斋志异》有一篇文章叫《促织》，记述了这样一则故事：明宣宗喜欢斗蛐蛐，宦官命百姓上贡促织（蛐蛐的别称）。一个男孩儿不小心放跑了父母捉的促织，害怕之下自杀，结果死后变成了促织，被父母献给了宣宗，打败了所有促织，获胜而回，最后男孩儿死而复生。这个故事从一个方面显示出宣宗与宦官的亲密关系，从中我们亦能理解明代宦官为何在之后能够崛起为一支强大的政治势力。

我们当前所看到的明朝宦官事迹和形象，大多是由士大夫记载下来的。在中国古代，士大夫掌握着历史书写的权力，在他们的春秋笔法之下，那些政治反对派——尤其是那些不经过正常途径进入政治领域，对自身权力又构成直接冲击的宦官群体——常常都是负面形象。《明史》对宦官如是评价：

> 逞其智巧，逢君作奸。数传之后，势成积重，始于王振，卒于魏忠贤。考其祸败，其去汉、唐何远哉！[5]

这段评价无疑将宦官置于儒家道德的反面，然而事实并非完全如此。尤其是一些宦官还拥有与士大夫近似的理念。比如明孝宗非常惧内，张皇后禁止他纳妃，孝宗最后只有一个儿子，也就是后来的明武宗。张皇后有两位兄弟，依仗姐姐的权势，经常出入后宫。当时有一位叫何鼎的宦官，对孝宗说："二张大不敬，无人臣礼。"张皇后很生气，问何鼎是谁主使他说这种话的。何鼎说："孔子、孟子也。"最后何鼎被张皇后打死。[6]因此即使是对宦官评价整体负面的《明史》，也承认明代的宦官中还是"间有贤者"[7]的。

而明朝宦官的制度化，更要求文官集团、武将集团在政治运作中，必须保持与宦官集团的合作关系，否则便会遭受宦官集团的打击，而无法在政治上有所作为。在长期的政治合作中，文武群体甚至与宦官集团形成了较好的私人关系，不少宦官与文官配合，在政治舞台上发挥了重要作用。正德、嘉靖时期曾先后充任吏部尚书、阁臣的杨一清，便与御用监太监张永在政治上合作密切，成功平定安化王朱寘鐇叛乱；而且二人私交很好，张永的墓志铭便是由杨一清所写，杨一清甚至因此而被诬陷接受贿赂，最终悲愤而死。张居正改革之所以能够成功，与他联合司礼监太监、东厂提督冯保，二人一内一外共同主持政局有很大关系。

而宦官集团内部也不是牢不可破。正德前期，宦官群体中权势最盛的是"八虎"，即八名宦官，刘瑾便是其中最有势力的。正德三年（1508），早朝时出现攻击刘瑾的匿名书帖，刘瑾便惩罚众臣在烈日底下暴晒，有人甚至因此中暑而死。宦官李荣看不下去了，给群臣送去冰镇西瓜，而宦官黄伟也愤愤不平，对群臣说，书帖写的都是为国为民的事情，这是好男儿应做之事，谁做的为何不承认呢？二人因此得罪了刘瑾，李荣被勒令"闲住"，黄伟被发逐到南京。[8]即使"八虎"内部，也多有矛盾，刘瑾最后便被"八虎"之一的张永联合杨一清设计除掉。

因此，明朝士大夫群体虽然在历史书写中，从儒家立场出发，对宦官秉持激烈的批判态度，但在政治运作与个人感情上呈现出截然不同的价值取向。明朝文官、武将、宦官三种政治势力之间长期保持了既斗争又合作的双向关系，从而维持了明朝政局的长期稳定，这反映出明朝专制政治在借鉴前代经验教训的基础上，进一步发展与完善，走向了更为成熟的阶段。

史书和智化寺里的王振

明初，朱元璋为了限制宦官的权力，防止其干政，规定宦官不许识字。而这一规定的改变是在宣德四年（1429），为了更好地让宦官承担起协助皇帝处理政务的职责，宣宗下令设立内书堂，命大学士教授宦官文化，"太祖不许识字读书之制，由此而废"[9]；此后，宦官"多通书晓文义。宦寺之盛，自宣宗始"[10]。宦官通晓文化，成为其能够涉足政事的基础，而明代第一个对政治产生重大影响的宦官，就是入选内书堂的王振。

在英宗还是太子时，王振就在东宫任职，因而深得英宗信任。英宗年幼登基后，王振进入司礼监。王振最开始只是一个皇族意志的代理人，是一个政治工具，并不能参与中枢决策。他虽然可以代替英宗批红，但不能擅自更改票拟的内容，大都只能写"知道了""准拟"等字样。张太皇太后每天都会派宦官查票，如果发现不一致，便会责罚王振。[11]但另一方面，伴随着英宗逐渐长大，王振作为他的亲信，影响自然也就越来越大，从而在批红和传话的时候，慢慢渗透进自身政治利益的考量，逐渐在事实上参与中枢决策。正统前期，明朝发动针对云南苗人的"麓川之役"，便是王振力主的。

随着三杨的老去，王振依托英宗的信任，权势逐渐上升，在正统后期实际上控制了朝政，成为明朝第一位权势显赫的宦官。英宗对于王振的信任，从正统十一年（1446）赐王振的敕文便可看出：

> 尔振性资忠孝，度量弘深。昔皇曾祖时，特用内臣选拔，事我皇祖。教以诗书，玉成令器。眷爱既隆，勤诚弥笃。肆我皇考，以尔先帝所重，简朕左右。朕自在春宫，至登大位，几二十年。尔夙夜在侧，寝食弗违，保护赞辅，克尽乃心，正言忠告，裨益实至。[12]

看到王振权势的上升，负责经筵日讲授课的翰林院侍讲学士刘球开始弹劾王振。在王振的授意下，锦衣卫指挥佥事马顺将刘球下狱肢解。[13]而为了维护自己的形象，王振也致力于拉拢文官集团中的一些名望之士，最被他看重的是同乡大儒薛瑄。但面对王振的不断拉拢，薛瑄一直刻意保持距离。王振恼羞成怒，找机会将薛瑄下狱，并要将他处死，最终还是在老仆的劝说之下，才把薛瑄放了。[14]

王振在历史上的最大恶名，来源于"土木之变"。在明代士大夫书写的史料和现代研究看来，似乎英宗决定亲征，是完全受到太监王振蛊惑的结果。但事实并非如此。宦官由于身体残缺，不符合儒家伦理，因此被健全人歧视，尤其遭到秉持儒家思想的士人的批判。不仅如此，在中国古代政治中，宦官与文官、武将构成了皇室之外的三大政治势力，宦官成为士大夫集团最大的政治威胁，士大夫出于政治、文化等原因，对宦官基本采取完全否定的态度。其实宦官作为政治势力之一，可能文化程度不如士大夫，但在其他方面，如政治才干、政治道德等，则难以截然分出高下。因此，现代研究者在评价宦官参政时，应客观审视他们作为皇权工具的政治合理性，而避免无意识地落入士大夫设定甚至是编织的道德窠臼。王振虽然在英宗北征之事上持鼓动立场，但英宗当时已经成年，应该是他最终做出了北征的决策。如果完全是王振蛊惑，英宗不可能在经历了被俘、失去皇位、政权险些沦亡之后，仍对王振念念不忘。

其实"土木之变"的发生与王振并无直接关系，而且也有很大的偶然性。明朝以武开国，洪武、永乐、宣德时期都曾在蒙古高原取得重大胜利，成祖和宣宗还都曾亲自北征。因此，明朝对于蒙古，一直都有一种心理优势，认为可以在战场上取胜。即使在国力不断衰落的明中后期，历代皇帝仍多对北征蒙古颇为热衷，比如孝宗便曾打算亲征，武宗曾率军在宣府镇与蒙古鞑靼部阵前厮杀。

英宗对于瓦剌的强势崛起并不清楚,从而在瓦剌南下之后,决定效仿成祖、宣宗北征。但令人意外的是,正统时期战斗能力最强的宣府军,面对瓦剌的攻势时,由于武将的懦弱,突然崩溃,瓦剌从而越过宣府防线,直奔英宗所统率的大军。英宗惊慌之下决定班师,在行至土木堡时,又决定临时驻扎,取水休整,结果遭到瓦剌军队的突袭,明军一败涂地,自相踩踏,导致了"土木之变"的发生。

正统八年(1443),王振模仿唐、宋时期的"伽蓝七堂",建造智化寺作为其家庙。智化寺中,有王振遗留至今的唯一石刻像,其形象宛如一个标准书生,很难将他与史书中的大奸大恶联系起来。

在"土木之变"中,王振被杀,明英宗被俘。一年之后,英宗被瓦剌释放,"夺门之变"后,英宗复辟登基,"赐振祭,招魂以葬,祀之智化寺,赐祠曰精忠"[15],下令重修智化寺,将其改名为"报恩智化寺",作为祭祀王振的场所。王振为了邀取边功,树立权威,从而蛊惑英宗亲征,最终导致"土木之变",英宗被俘,明朝因此遭遇巨大危机——如果按照这样的叙述,英宗应该十分痛恨王振。但智化寺的存在,彻底颠覆了这一历史叙述。由此可见,至少在英宗的内心中,"土木之变"的主要责任不应在王振。

从王振的例子可以看出,明代宦官的真实面目与士大夫书写的史书中的形象，存在着一定差距。而在史籍之外的许多地方，我们也能找到反映明代宦官真实面目的线索。

史书之外的明代宦官

在士大夫书写的正史中，有关明代宦官的记载多是负面的。然而在真实的历史中，明代士大夫与宦官相互合作的事例并非少数，所以有不少士大夫为宦官歌功颂德的文字，只不过这些文章不见于史书和文集，而是在另一处记载历史的载体——宦官的墓碑上。与正史中的宦官形象不同，宦官的墓碑上镌刻着他们截然不同的形象。而今人能从中发现一些明代重要宦官的事迹，尤其是他们与士大夫的关系。

北京的西郊，埋葬着许多明清时期的宦官，这是因为西郊是香山所在，上风上水，不仅风水好，而且寺院很多。宦官由于自己没有子嗣，不仅在世时积极布施，而且死后也多选择埋葬在寺院旁边，希望能够进入西方极乐世界，弥补无人祭祀的遗憾，并求得来世善报。而在如今的北京石景山区模式口大街，便建有一座宦官文化陈列馆，这座陈列馆，即明代司礼监太监田义坟墓的遗址。

明朝太监的陵墓，除了魏忠贤在香山的衣冠冢之外，就要数田义墓最为奢华。墓地遗址中不仅保留了田义和其他几位太监的坟墓，而且保存了大量碑刻，其中记载了田义诸多的名头和事迹。许多碑刻都是万历皇帝御制的。田义墓碑十分高大，上面刻有皇室才可以使用的龙形图纹作为装饰，"僭越"之至，可见一斑。与之相比，旁边的一尊矮了许多的清朝道光年间的太监墓碑，却仅刻有二鹿。从这里也可以看出，明、清两朝太监的地位真有天壤之别。

置身于田义墓旁，看着万历时期内阁首辅申时行为田义撰写的充满褒奖的碑文，很难把田义想象成一个负面的政治形象，只会在这一方安静的空间，静静凭吊着这位曾经权势显赫的政治人物。这种感觉，在田义墓旁边的法海寺里，同样可以感受到。

法海寺是由正统时期的御用监太监李童修建。李童是明代太监里很少为人所知的一个。但他创修的法海寺，由于保存了多幅明代壁画而闻名于世。法海寺坐落于北京翠微山南麓的葱郁树林中，是在辽代龙泉寺的旧址基础上重建而成的。

法海寺依山而建，所以仰望上去，寺院在丛林之中，显得十分雄壮与巍峨。清人编纂的《日下旧闻考》记载了法海寺周边的环境。法海寺"左冈右泉，曲回旁峙，云烟飞动"，南距模式口村约500米，东靠馒头山，北连福寿岭，西依蟠龙山，"土脉丰腴，草木丛茂"[16]，依山傍水，风景优美，不难想象李童选址于此的原因。

据寺中碑刻记载，法海寺初成时规模较大，除大雄宝殿外，还有四大天王殿、钟鼓楼、护法金刚殿、伽蓝殿、祖师堂、云会堂、厨库、寮房等建筑。沧海桑田，现今法海寺的建筑多已湮没无存，所遗留共四进院落，建在逐层抬高的四层高台之上，东西面宽72米，南北进深150米，院落占地1.08公顷。主要建筑分别设置在三级平台上。第一级平台上有山门殿，第二级平台上有四大天王殿，第三级平台上有大雄宝殿，环宝殿东、西、南三面是祖师堂。

然而，各殿内并未发现关于李童的任何专门遗迹。据相关记载，在"文革"期间，人们可能是出于对太监的嫌恶，铲毁了李童的塑像。这个可能是保存了李童相貌的唯一遗迹就这样永远消失了。但记载李童修建法海寺经过的碑刻还是保留下来了。在山门的后面两侧，有两座碑刻，一座刻的是吏部尚书王直所撰《法海禅寺记》，另一座刻的是礼部尚书胡濙所撰《敕赐法海禅寺碑记》，这两篇文章都撰于正统八年（1443）。这一年，文臣中威望最著的杨士奇称病在家，杨溥也已年老。任事的文臣中以王直和胡濙权力最重、威望最尊。能让二人共同撰文纪事，法海寺的地位可见一斑。

二人的记载都有些神话成分，皆称正统年间，御用监太监李童由于得到了英宗的提拔，十分感激，"欲建梵刹，虔奉香火"[17]

六　多面的宦官

以回报皇帝。一天夜里，他梦见在山谷丛林中，一位白衣老人对他指着一片地方说："此精蓝地也，他无以过此者。"李童醒来后，觉得十分奇异，于是让一位相士寻找这个梦中的地方。结果相士发现与李童梦境里完全相同的地方，当地人说这是龙泉寺的旧址。相士将消息告诉了李童。李童十分高兴，说："吾营佛寺，用其法以报上恩。而神人能辅吾志，吉莫大焉。"[18]于是向官民僧尼募款，"倾资募缘"用于建寺。寺庙从正统四年（1439）闰二月动工修建，到正统八年（1443）十月才完工，历时达五年之久。[19]

这个有神话色彩的创寺经历，不过是李童讨好英宗，同时使建寺合法化的一个手段而已。明代太监与佛教关系十分密切，北京周围诸多的寺院大多数都是太监创建或者负责管理的。与太监有些相似的是，明朝皇帝多数也信仰佛教。这是由于宫中妃嫔多数信仰佛教，皇帝长处宫中，难免会受到影响。士大夫群体尽管也喜谈佛理，但与太监、皇帝不同的是，他们认为寺院的修筑会耗费大量国家财力，所以士大夫往往反对国家修筑寺院。李童的做法其实是通过将修建寺院的行为神化，从而获得修建行为的合理性，避开士大夫的批评。

很显然，李童的目的达到了，士大夫不仅没有反对，而且还郑重其事地大书其事以示支持。也许，王直和胡濙并非不知就里，但李童修建法海寺并未动用国库，而且是打着向皇帝报恩的旗号，并得到了"神人"的帮助，他们不便反对。

另外，英宗的态度恐怕也是二人赞颂李童举措的原因。英宗崇信佛教，他曾下令实行诸多有利于佛教的法令，如将度牒制度从五年一度改为三年一度，又下令刊印佛教经典。在英宗的推动下，大量寺院纷纷建立。法海寺的修建也是在当时兴建寺院的风气中展开的。尽管由于史料缺乏，目前无法判断李童修筑法海寺的行为是否获得了英宗的背后支持，但至少英宗是赞同这个做法的，因为具体负责修筑寺院的是宫廷工部营缮所。在寺院落成之后，英宗便取"佛法无边，宛若大海"之意，取名"法海寺"，后又颁赐《大藏经》一部。

在正史里，我们看到的都是士大夫与宦官之间剑拔弩张、势不两立的局面。而在另外的历史空间里，我们看到的却是两种政治势力之间的和谐相处；田义和申时行，李童和王直、胡濙，正是这种和谐相处的缩影。这些事例不见于史籍文献当中，反而在田野、遗迹、碑刻中可觅得蛛丝马迹，历史就是这样充满着多面性。

七
未再重演的南迁

蒙古的复兴
徒有虚名的杨氏家族
未再重演的南宋故事
石氏家族的异军突起
同样的灾难，不同的结果

蒙古的复兴

蒙古帝国虽然逐渐瓦解，但其后裔在此后的世界历史上仍然长期发挥重要影响，甚至在15世纪前后，一度迎来了复兴。14世纪中期，在中亚地区，察合台汗国分裂为东察合台汗国和帖木儿汗国，二者之间不断进行战争。帖木儿汗国最终取胜，不仅雄踞中亚，建立起东至咸海、西至波斯湾的庞大帝国；而且在永乐初年，帖木儿汗一度向东进发，打算攻打明朝，只是由于其中途暴卒，两个东方大国才避免了一次战争。帖木儿死后，帝国迅速瓦解，但势力仍然雄厚，其中一支南下印度，建立起莫卧儿帝国。

元朝灭亡后，在蒙古高原上，仍然活跃着元朝的后裔——鞑靼，以及东边的兀良哈、西边的瓦剌，他们仍然对明朝北部边疆构成长期的威胁。15世纪中期，瓦剌陆续打败鞑靼、兀良哈、女真和哈密，统一了亚洲内陆东部的广阔地区，力量达到极盛。故而，这一时期瓦剌虽然在名义上仍尊奉明朝为宗主，但已开始挑战明朝在东亚地区的统治地位。正统十四年（1449），瓦剌首领也先借口明朝裁抑马价、拒绝和亲，发动对明朝的大举进攻。其所统率的军队，包括了众多内亚势力。

对于瓦剌的崛起，明朝估计不足，英宗十分轻率地做出了亲征的决策，最终导致了"土木之变"的发生。但"土木之变"之所以发生，源于宣府镇防线的突然崩溃，导致英宗在北征途中措手不及，具有很大的偶然性。至于土木一战失利的原因，李新峰、罗冬阳指出，与军队内部派系之争、地理环境、战略设计均有关系，与王振本人反而并无太多关联。[1]总之，"土木之变"是明军在实力衰落后，未充分认识到内亚形势发生巨变，在战略规划并不成熟的情况下，延续明前期的军事进攻传统，贸然出击而导致的军事灾难。以明成祖的才略，倾全国之力，尚未完全征服蒙古高原，更何况此时英宗以衰落的军力对抗内亚东部的极盛大军。故而，对于"土木之变"的评价，不应该盲从士大夫批判宦官观点，而应充分关注这一时期亚洲地缘政治的巨大变化。

徒有虚名的杨氏家族

宣府镇军队的突然崩溃，源于驻守最前线的杨俊惧而奔回。杨俊是宣府镇总兵官杨洪的大儿子。而杨洪是明前期特意培养出来的最优秀的将领。

洪武晚期,朱元璋将开国武将诛戮殆尽,明军作战能力大为下降。"靖难之役"中,中央军败于燕王,显示出武将素质甚至已不如有所历练的藩王。朱棣即位后,虽然大封"靖难"武将,重建庞大的勋臣集团,但"靖难"武将在洪武晚期基本是卫所一级的将领,能力与开国武将相比,不啻天壤之别。"靖难"第一武将丘福在北征蒙古之时,在朱棣反复告诫之下,仍然一战而全军败没,便是明显的例证。朱棣迁都北京的原因之一,也是担忧武将能力不足,干脆实行天子守边。洪熙、宣德、正统时期,明朝坐视瓦剌在蒙古高原实现统一,却无力扭转,一是由于财政匮乏,军事行动受到限制;另一原因便是军队战斗力已大为下降。"土木之变"中,明朝最为精锐的京军一战而溃,也足可证明。

在武将断层的背景下,朱棣开始从行伍中选拔将官,而其中最为励志的,当数杨洪。在永乐北征中,杨洪"从成祖北征,至斡难河,获人马而还。帝曰:'将才也。'令识其名,进千户",将杨洪列为重点培养对象。宣德时期,明朝虽然内徙开平卫,但并未放弃开平旧地,而是单独组成一支完全由骑兵构成、武器装备精良的机动部队,在开平流动巡逻。而这支军队的首领便是杨洪。英宗即位后,"时先朝宿将已尽,洪后起,以敢战著名。为人机变敏捷,善出奇捣虚,未尝小挫。虽为偏校,中朝大臣皆知其能,有毁之者,辄为曲护,洪以是得展其才"。

七 未再重演的南迁

正统前期，杨洪在与南下的兀良哈作战中屡次获胜，迅速积累起自己的军功。"朝廷亦厚待之，每奏捷，功虽微必叙"，到了正统九年（1444），杨洪已由最初的一个千户一路升为左都督。在杨洪一次歼灭兀良哈军队的作战中，英宗不但"赐敕嘉奖"，还将杨洪的战功与其他边将进行对比，问他们："若视洪等愧不？"此时杨洪俨然已成为明朝的一代将星。[2]

正统十二年（1447），杨洪成为保障北京的北门重镇，也是北部边疆最为精锐的部队的驻地——宣府镇的总兵官。杨洪长期驻守宣府镇，不仅在明朝内部积累了很高的声望，而且声名远播于蒙古草原，被蒙古人称为"杨王"，成为正统时期北部边疆第一武将。杨洪身居高位之后，诸子侄也在杨洪举荐之下，充任宣府镇各级要职。杨氏家族的势力在这一时期达到巅峰。

就是这样一个在当时最负盛誉的武将家族，在"土木之变"这种大规模战役中，却不堪一击。杨洪的大儿子杨俊在瓦剌大军到来时，首先放弃宣府北门独石（今河北赤城县西北独石口镇），致使瓦剌进入明境，才迫使英宗亲征军队只能改变计划，仓促回撤。而杨洪率领的宣府镇军队护驾不力，才使"土木之变"最终发生。可见杨氏家族镇守一方有余，然而在大规模的野战中，显露出能力不足的缺陷。

未再重演的南宋故事

"土木之变"的消息传来后,举国震惊,北京城内一片混乱。有的大臣开始倡议南迁。翰林院侍讲徐珵(后改名为徐有贞)夜观星相,发现有南移之势,认为"天命已去",于是命家人收拾行李,准备南迁,并在朝中散播南迁言论。

揆诸情势,明朝南迁的条件,要比宋朝好很多。这是因为明朝实行两京制,南京保存有一套基本完整的政权体系。虽然朱棣将都城迁移到北京,但仁宗长期在南京监国,即位之后,便有重新回迁都城的想法。仁宗命太子居守南京,一大任务便是筹备回迁事务。但仁宗仅在位不到一年便去世了。宣宗即位以后,想法又和仁宗不同,仍希望建都北京。不过,宣宗不便直接违背仁宗的本意,于是一方面常住北京,另一方面却称北京是"行在",也就是临时首都。正统时期,在三杨的主持下,明朝才最终决定定都北京。

但当时明朝的主流意见是鉴于宋朝南迁之后长期偏安一隅,再也未能收复故土,重现昔日的辉煌,于是决定固守北京。英宗被俘后,长子朱见深只有2岁,无法处理朝政,这时代表皇族,控制朝局的是孙太后。孙太后接受了宦官的建议,决定固守。

皇太后禁中疑惧,问太监李永昌,对曰:"是也。陵庙宫阙在此，仓廪府库百官万姓在此，南迁，大事去矣。且陛下不闻宋靖康乎？"因述靖康事。皇太后悟，自是中外始有固志。[3]

在国难背景下，负责军务的兵部成为当时最重要的部门。在"土木之变"中，兵部尚书邝埜蒙难身死，时任兵部左侍郎的于谦挺身而出，同样主张固守北京。明朝上下最终统一了意见，开始加固城防，严阵以待。

但与北宋相比，此时明朝存在一个很大的弱点，那便是英宗被瓦剌俘虏，对方掌握着要挟明朝的政治筹码。看到这一不利形势，文官集团拥立英宗的弟弟朱祁钰即位，从而使瓦剌的如意算盘落空。于是瓦剌只能采取军事进攻的方式，"北京保卫战"由此打响。

石氏家族的异军突起

在"北京保卫战"中，于谦居中指挥，而负责统率士兵作战的是石亨。石亨来自大同镇。在不同时期，明代九边各镇地位迭有沉浮，只有两大镇一直保持了较高的地位和较强的战斗力。一个是前文提到的宣府镇，宣府镇的重要性来源于作为京师北门的战略地位。而另一个就是大同镇，大同镇由于地处蒙古高原、山西高原交界处，是扼守北方族群进入北方平原开阔地的战略重地，其驻军是九边诸镇军队中最为敢战的部队之一。

明前期武将系统中，声名仅次于杨洪的，便是大同镇的石亨。"土木之变"前，石亨地位虽远不如杨洪，更无杨氏家族的庞大势力，但他是杨洪之后与兀良哈作战最多，也最为成功的将领。在朝野声望之中，石亨也位居杨洪之后，是明中期第二武将："是时，边将智勇者推杨洪，其次则亨。亨虽偏将，中朝倚之如大帅，故亨亦尽力。"[4]而石亨之侄石彪同样作战勇猛，"英果有胆气，善骑射，提大刀飞舞，彪持斧挽强。每战，亨先登，彪从之"[5]。"土木之变"前，石亨已升为大同镇左参将，石彪也升为都指挥。

"土木之变"后，石亨最初虽兵败回京，颇不光彩，但最终通过与于谦共同主持"北京保卫战"，威震瓦剌。在击退瓦剌的攻城之后，石亨率军出城，一路追到清风店（在今河北易县西南），又设计诱杀瓦剌士兵。"北京保卫战"结束后，石亨叙功第一，封武清侯，一跃而成景泰朝重臣。在此战中，石彪也表现勇猛。"石亨出安定门，与其从子彪持巨斧突入中坚，所向披靡，敌却而西。"[6]如果将此战与嘉靖中期"庚戌之变"后仇鸾之尾而不战，崇祯时期满桂之一战而没对比，可见石亨叔侄的胆略和智谋，远非后世将领所可比拟，也可见"土木之变"后，明朝军队战斗力仍然较为强悍。明人南大吉认为石亨在"北京保卫战"中,有"再造社稷"之功:"当英皇北狩,群胡进围京城,四方震恐,中外戒严。大将元老,束手无策,微亨则国家几殆。然则亨此功虽谓再造社稷可也。"[7]

同样的灾难,不同的结果

在北京城下遭遇顽强抵抗之后,瓦剌开始回撤,沿长城沿线一路向西,寻找可以突破的缺口。但明军依托长城工事,坚决固守。瓦剌由于缺乏攻城的技术——这一技术在北元退回大漠之后便丧失了——在长城一带一直没有多大斩获,甚至在大同镇的威远卫(今山西右玉县),还被石彪用火炮击死百人,遭遇了惨重失利。据明朝方面的资料记载,瓦剌军队在南下过程中,总共损失了万人左右。[8]姑且不论这一记载的准确性,但由此仍可看出,瓦剌南下过程中,付出了不小的代价。因此,瓦剌此次南下,虽然取得了"土木之变"的巨大战果,但也有不小损失,也未实现最终的战略目的。也先有鉴于此,开始率军撤退,回到了蒙古高原。

明朝在巨大的军事灾难之后,并未如同宋朝一样,经历政权播迁、一蹶不振的历史剧变,而是通过坚决固守,取得了最终的胜利。之所以会出现与宋朝截然不同的历史命运,原因可能在于以下三个方面。

第一，两个王朝的政权性格完全不同，军队战斗力差别很大。宋太祖赵匡胤通过政变的方式，黄袍加身，从而获得了政权。为了让宋朝不再变成继五代之后第六个短命的王朝，赵匡胤借鉴晚唐、五代的历史教训，开始剥夺节度使的权力，约束武将，重用文官。受此影响，北宋军队战斗力有所下降。与之不同，明朝以武开国，政权建立的过程是与击败其他红军政权、北逐元朝相始终的。虽然朱元璋大肆杀戮开国功臣，但武将地位一直较高，军队战斗力也有一定保障。

第二，两个王朝的地缘格局完全不同，在战略态势上差别很大。北宋相对于辽、金，之所以一直处于战略劣势，是由于后晋将燕云十六州割让给辽国以后，中原王朝失去了可以依托的北方山脉，也无法修筑长城，据险而守，从而导致门户洞开，在北方族群的骑兵冲击之下，面临着巨大的军事压力。而明朝在开国初年便开始依托北方山险，构建起十分系统而完备的长城防线。虽然宣府一线失守，但其他防线仍然固若金汤，导致瓦剌无法进一步深入明境，只能回撤。

第三，金朝、瓦剌的政权性格完全不同，在政治追求上差别很大。金朝崛起于白山黑水之间，处于东北草原、森林交界地带。这一区域生态面貌较为多样，具有多种经济方式，既可以农耕，又可以游牧，还可以渔猎，因此当地族群构成和社会面貌也颇为多样，政权也相应具有很强的包容性，对统治不同生态环境、经济方式的广阔地区，拥有兴趣与信心。历史上入主中原，乃至统一中国的北方政权，绝大多数都起源于这一地区，比如北魏、辽、金、清。蒙古帝国的崛起地就在蒙古高原中部靠东的地区，而统一中国的元朝，其建立者忽必烈的封地便在这一区域。金朝南下，并非以抢掠财物，而是以取代宋朝作为政治目的。与此不同，瓦剌从西边迁入蒙古高原，在政治观念上与同样崛起于西边的匈奴、突厥较为相似，是较为纯粹的游牧政权，对于统治中原并无太大兴趣，也缺乏与之配套的政治体制。瓦剌南下，虽然标榜恢复大元故国，但其实并未做好统治中原的政治准备，而只是将此作为笼络各部的一种政治宣传。

不仅如此，瓦剌只是蒙古别部，在蒙古人的观念中，地位并不如作为北元余绪的鞑靼，甚至兀良哈。瓦剌统一内亚东部地区，凭借的只是武力优势，对于鞑靼、兀良哈只是暂时压制，并未像成吉思汗那样实现不同势力之间的有效整合，蒙古高原内部仍然暗流涌动。故而，瓦剌在攻明无果的情况下，不敢在长城边疆停留太久，而是在掠夺一定的财物和人口之后，迅速退回蒙古高原，以稳固自身对草原大漠的控制。

也先退回蒙古高原后，与大汗脱脱不花争夺权力，双方爆发了战争。最终脱脱不花兵败身死，也先自立为汗，成为蒙古历史上唯一非黄金家族成员即位的大汗。蒙古帝国时期，其内部形成了只有黄金家族成员才能继承汗位的政治观念。忽必烈建立元朝之后，进一步将大汗世系固定在忽必烈一系。这一传统即使在元朝覆亡，北元退归草原之后，仍然延续了下来。洪武晚期，窝阔台后裔鬼力赤夺回被托雷家族占据百年的汗位，尚且被蒙古部众视为非法，而很快败亡。也先只是出身于蒙古别部的瓦剌，他的即位直接挑战了蒙古草原的政治观念，遭到了鞑靼各部的强烈反对。伴随于此，瓦剌内部也出现了权力之争，也先称汗不久，便被阿剌知院杀死。内讧的瓦剌，在鞑靼各部的攻击之下，逐渐向西北回迁，走向衰落，作为一个族群，逐渐与明朝失去联系。

八 从"土木"到"夺门"

同父异母的兄弟
临危受命
迎回英宗
兄弟反目
"夺门之变"
景帝之死

同父异母的兄弟

中国古代嫡长子继承制虽然已经最大限度地保障了权力的平稳交接，但现实的权力过渡中，总有众多变化莫测的因素，从而让中国古代的皇位传递和皇室内部，充满了不可预测的变数。同室操戈、祸起萧墙的现象屡见不鲜。

与其他朝代相比，明朝历代皇子，数量上大都显得有些少。宣宗只有两个儿子。英宗朱祁镇，出生于宣德二年（1427）十一月，是宣宗的长子。按照《明史·英宗纪》的记载，朱祁镇的生母是孙贵妃。但根据明人王琦的《寓圃杂记》的记载，英宗的生母是宫中的纪氏，孙贵妃为了争夺皇后之位，把朱祁镇暗地抢了过来。[1]明末官员黄景昉指出，这一说法是与英宗感情最为深厚的钱皇后亲口所说。[2]可见，英宗大概率是一名普通宫女的儿子。

与英宗相比，他的弟弟朱祁钰，虽然身世清楚，是吴贤妃所生，但由于较晚出生，在名分上就相差很大了。他自己也应该很清楚，因此一直都打算安分守己地做个王爷。但没想到，上天会意外垂青于他,让他也能登上宝座。而更想不到的,应该是他最后的抱恨而终。

兄弟二人早期的关系,缺乏史料的直接记述。但从朱祁钰一直没有到自己的封地去,而是留在了北京,以及英宗北征时命朱祁钰居守这两点来看,英宗对这个弟弟应该是十分信任的。

临危受命

"土木之变"的消息传到北京后,最初由于无法判断英宗是死是活,孙太后采取了临时措施,命郕王朱祁钰"暂总百官"。两日后,明廷获得了英宗尚在人世的消息,孙太后立英宗年仅2岁的儿子朱见深为皇太子,一方面确保皇帝世系仍然在自己这一支,另一方面表明了虚位以待英宗回归的政治姿态。

但太子过于年幼,完全不具备理政的可能。孙太后碍于后妃不得干政的祖制和张太皇太后故事,也不能垂帘听政。所剩下的唯一选择,就是组成辅政集团代理朝政。辅政集团由郕王、吏部尚书王直、礼部尚书胡濙三人,分别作为皇族代表人、百官之首和资望老臣的代表,一同组成。

但局势的发展很快便超出了孙太后的控制。正统时期文官在宦官的长期压制下,所积攒的压抑、仇恨情绪,在国难背景下一举迸发出来，转化为铲除王振余党的政治行动。这一政治行动的高潮，便是捶杀马顺的政治事件。而郕府宫僚仪铭、王竑在这一事件中，积极推动郕王居中主持，清洗王振余党，借此树立了郕王在朝野的政治威望。

文官集团在捶杀马顺事件后，不仅清除了王振余党，而且对其他宫廷势力也形成了巨大威慑，一举扭转了在正统时期被压制的政治态势，并乘机控制朝政、振兴士大夫政治。对于未来君主的选择，他们也开始表达出自己的主张，这就是拥立郕王。文官集团之所以如此选择，一方面鉴于太子年幼，如果登基为帝，会造成主幼国疑的困难局面，不仅较难应对当时的国家危机，而且会在面对瓦剌挟英宗提出相关要求时，处于伦理的困境；另一方面，太子年幼即位，势必会重演正统故事，造成后宫、宦官势力的坐大，这对于长期受到宦官压制，刚刚与宦官发生正面冲突的文官集团而言，是值得警惕的。

文官集团之所以拥立郕王，不仅是因为成年君主更容易稳定朝野，有利于稳固国难背景下的朝廷局势，在面对英宗时，也有更多的伦理回旋空间；而且也因为郕王在清除王振余党的过程中，颇为顺应舆情人心，与文官集团有良好的合作，符合文官集团对于未来政治的规划和要求；而经此拥戴，郕王势必会重用文官集团，文官集团的地位必然会获得提升。

在这种考虑下，文官集团在并未获得孙太后诏书的情况下，便率先跑到郕王那里，表达了拥立的意愿。郕王最初表示拒绝，指出按照宗法制度，应该由皇太子即位。碍于这属于皇室内部事务，官员们一时不便表态，但于谦从国家大局出发，毅然表达出天下为公的政治立场："臣等诚忧国家，非为私计。愿殿下弘济艰难，以安宗社，以慰人心。"[3]郕王最终表示同意。孙太后见政治舆论已经倒向了郕王，也只能下诏册立郕王为帝，是为景帝。但通过诏书内容来看，孙太后只是把郕王当成一个过渡皇帝。诏书指出皇统本在英宗一系，应由太子继承，景帝只是在特殊情况下代任其位，但不得改变皇统世系，死后仍须由太子继承帝位。

迎回英宗

在国难背景下，景帝励精图治，提拔、委任了以于谦为代表的一批官员，恢复了朝堂议政，推动明朝政局转危为安，呈现出一派安定而有活力的景象。但另一方面，伴随景帝的上位，孙太后的权势大为跌落；受景帝倚重的官员群体的上位，使得宦官、锦衣卫，以及英宗时期受到重用的一批官员权势有所下降，乃至受到压制。他们一起构成了景泰朝的政治失落派，与景帝君臣隐然有对立之势。不过，景泰初年的政治分野，限于政治利益的争夺，较少涉及政治恩怨，故而只是若隐若现，并未明显地暴露出来。

伴随明朝政局日趋稳固，瓦剌鉴于扣留英宗毫无用处，如果将他送回，将来可能还会获得一些利益，于是主动联络明朝，表达了与明朝议和，送回英宗的意愿。但围绕是否迎回英宗，明朝内部发生了严重争执，景帝与文武官员产生了激烈冲突。

对于瓦剌放出的送回英宗的信息，文武群体显得十分亢奋，开始在朝堂之上，商议如何迎回英宗。而景帝显得并不高兴，这是由于他认为英宗回归，会给自己带来威胁。为了阻止此事，景帝授意宦官兴安对群臣进行威慑。兴安恐吓群臣说："你们都在这里商量派遣使节，只怕瓦剌有诈，你们谁能像文天祥和富弼那样有胆量呢？"此时吏部尚书王直挺身而出，驳斥了兴安。[4]王直之所以这么做，是因为他曾是太子的辅政大臣之一，虽然时势已经完全变化，但他与太子之间的潜在关联还在。迎回英宗，能够巩固太子的储君地位，因此王直积极主张迎回英宗。

在朝野舆论之下，景帝无奈，只能派李实、罗绮前往瓦剌。景帝虽然在名义上派遣使节，但实际上在暗地里仍然力图阻挠这件事。这表现在他给也先的敕文中，并未写入迎回英宗的内容。也先接到敕书之后，认为明朝并未有迎回英宗之意，因此未送英宗回朝。

李实、罗绮回朝之后，面对文武群体的询问，无法隐瞒，告知群臣瓦剌确实有意送回英宗。这无疑掀起了迎回英宗的更大浪潮。以宁阳侯陈懋、吏部尚书王直为首的文武官员开始联名上奏。文武官员鉴于景帝的冷淡态度，指出英宗回朝并不会形成政治威胁，从而宽慰景帝。

主张迎回英宗的文武官员，大体可分两类。一是没有明显的政治倾向，在政治伦理的影响之下，主张迎回英宗，以雪国耻，比如曾跟随朱棣发动"靖难之役"，当时朝中元老重臣、武将之首的陈懋。二是在景泰时期，受到景帝系势力压制的政治失落派，尤其是太子系势力，比如表现得最为积极主动的王直；作为这一派系的一员，礼部尚书胡濙也十分关心英宗的安危。

在政治舆论压力之下，本来就对英宗回归充满忧虑的景帝，被进一步触发了敏感神经，在群臣面前率直地表达出心中的真实想法："朕本不欲登大位，当时见推，实出卿等。"[5]景帝最终也未派人迎回英宗，只是派遣杨善出使瓦剌。但事情的发展，完全超出了景帝的预料。景帝为人简单而率真，因此能够在"土木之变"发生后，委任文武官员，推动明朝政局走向稳定。但另一方面，景帝明显缺乏政治斗争所需要的心机和手腕，他既然在内心反对迎回英宗，完全可以延迟派遣李实等人。即使派遣李实等人出使，景帝也可以暗地告诫，禁止他在朝堂之上散播瓦剌愿意送回英宗的消息。但景帝一直都未采取这些手段，任由事件的发展逐渐脱离自己的控制。而在文武官员的反对声浪之中，景帝更不应直接出面，与群臣辩论，这无疑会极大地损害他的政治形象。此外，景帝做的另外一个错误选择，便是草率地派遣杨善出使，而对杨善的政治立场并未加以核实。

杨善其实属于英宗系政治势力。正统时期，杨善便曾亲附王振。景泰时期，杨善曾在公共场合表达过对于英宗的思念之情。虽然所接受的出使任务中并未有迎回英宗的内容，但杨善其实在出发之前，已将迎回英宗作为最大目的，为此他散掉家财，购买了许多礼物，作为馈赠瓦剌之用。也先认为英宗已无利用价值，于是便让英宗跟随杨善一同回朝。

可见，景帝在迎回英宗之事上一再失策，一步步将自己推到绝境。在当时大部分官员眼中，迎回英宗是一雪"土木之变"国难之耻的政治象征，故而是朝野舆论的大势所趋。景帝出于私心，并未很好地对此进行处理，而是完全站在了政治舆论的反面，加之缺乏心机和手腕，最终处于被动地位。而在政治舆论压力之下，景帝系文官集团并未公开站出来，与其他文武官员为敌，但长期的沉默，仍让他们与其他文武群体形成了一道政治界限。景泰时期不同政治集团的分野，隐然出现。

兄弟反目

英宗回朝之后，便被景帝送往南宫，与外界的往来被严格禁止。英宗"在幽闭之中，至穴墙以通饮食，势同狴牢"[6]。对于英宗的遭遇，胡濙十分同情，请求允许文武官员在春节和英宗生日的时候进行朝拜，却被景帝所拒绝。有藩王从亲情出发，请求朝拜英宗，景帝也加以拒绝。甚至对于孙太后的探视，景帝也设置障碍，导致孙太后在探视几次之后，非常知趣地不再前往。英宗既然居住在南宫，家眷相应也随之迁往，由于南宫防范甚严，英宗一家人的生活窘迫而压抑，甚至需要英宗的皇后钱氏亲自做女红向外贩卖，才能维持生存。宦官也对英宗冷眼相待，甚至有出言讥讽者；英宗生病之时，请求医药也有不应者。不过，景帝虽将英宗幽禁，却仍存兄弟之情，并不同意彻底锁锢南宫，也不同意对英宗进一步加强监管。这导致防范措施存在疏漏，英宗与外界仍存在一定联系。比如阁臣高谷便曾暗中照顾英宗，文武官员也有通过宦官与英宗书信交流者。

景帝不仅幽禁英宗，而且逐渐背弃与孙太后之间的约定，开始谋求将皇统世系转移到本支，废除了英宗的儿子朱见深的太子之位，改立自己的儿子朱见济为太子。他最先向皇后汪氏表露了这一愿望，但汪氏表示反对。汪氏之所以不愿意改立太子，可能是由于朱见济并非她所亲生。但在景帝的坚持之下，景泰三年（1452），太子朱见深被废为沂王，朱见济成为新的太子。不过，与对英宗的态度相似，景帝虽然废除了朱见深，但对他仍然心存温情，并未让他之国，而是仍然留居京城。对此，朱见深心中也有感念，即位之初，就恢复了被英宗革除的景帝帝号。

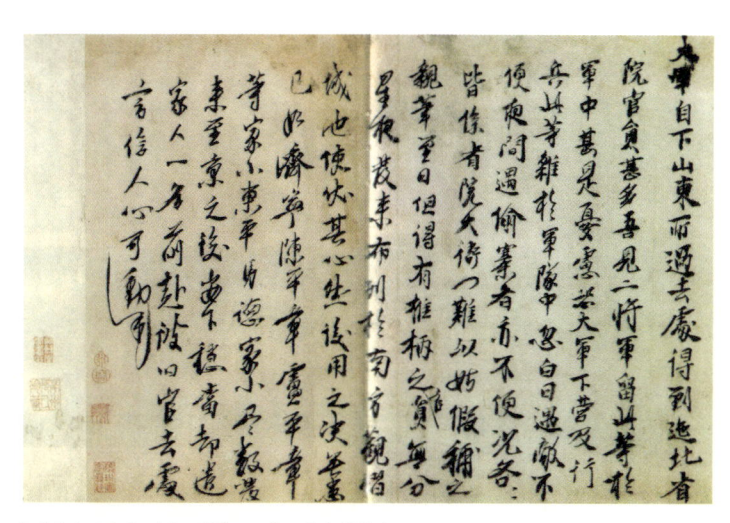

[明] 朱元璋书:《大军帖》。现藏于故宫博物院

[明] 商喜绘:《明宣宗行乐图》。画中左上头戴黑色尖顶圆帽,着红色窄袖衣,外罩黄色长褂者为宣宗。现藏于故宫博物院

《颖国武襄公杨洪像》，作者不详，画上文字为于谦题。现藏于美国国立亚洲艺术博物馆

［明］余士、吴钺绘:《徐显卿宦迹图册》(局部)。该图册记录了明万历年间吏部右侍郎徐显卿的宦迹。其中上图名为《皇极侍班》,描述了徐显卿任翰林官期间参加皇极殿大朝的场景;下图名为《司礼授书》,描述了徐显卿在司礼监教授宦官文化知识的场景。现藏于故宫博物院

《朱瞻基行乐图》（局部），作者不详

画中宣宗朱瞻基在进行投壶游戏。现藏于故宫博物院

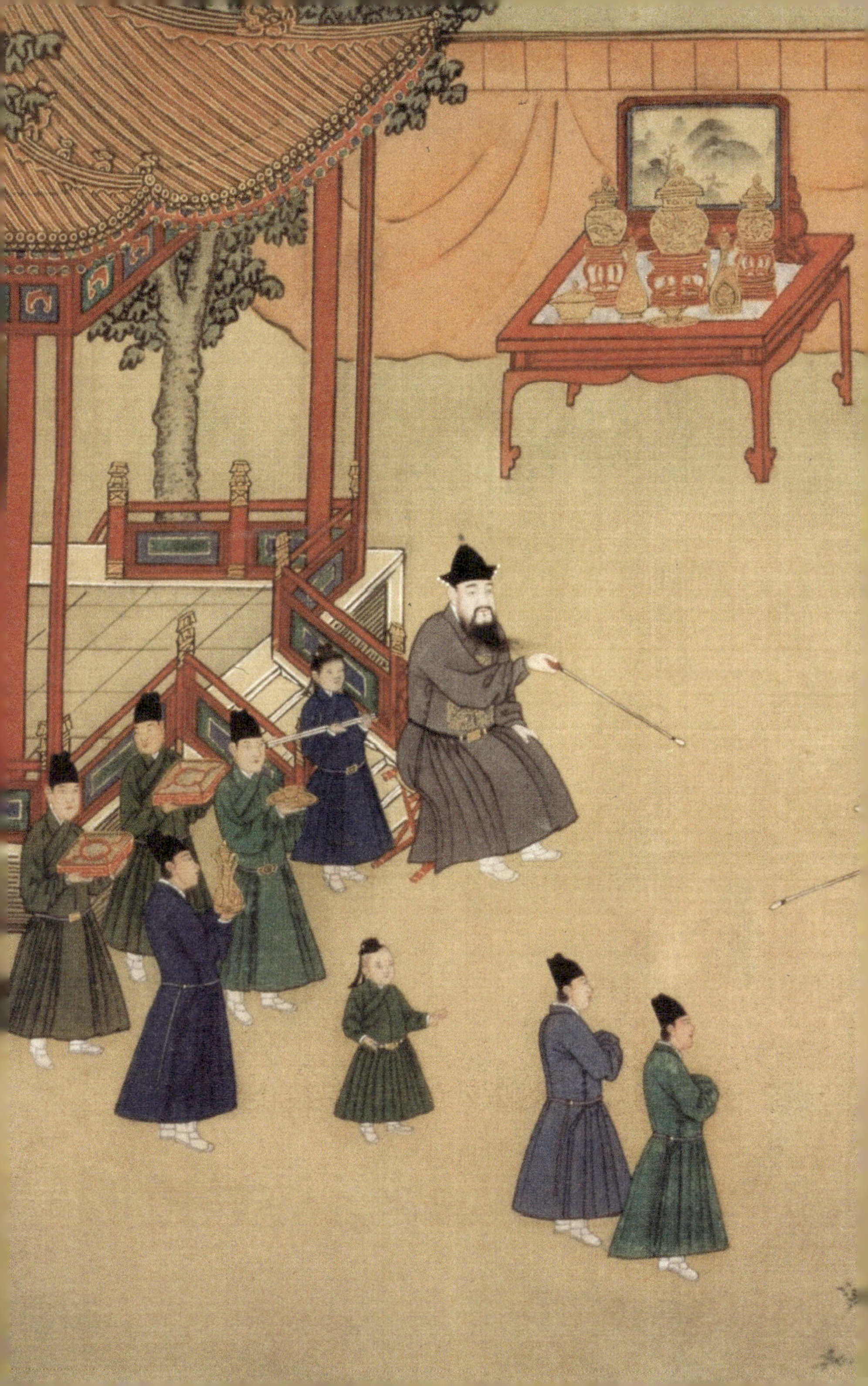

《出警图》（局部），作者不详

该图描绘了万历皇帝出京谒陵的场景。现藏于台北故宫博物院

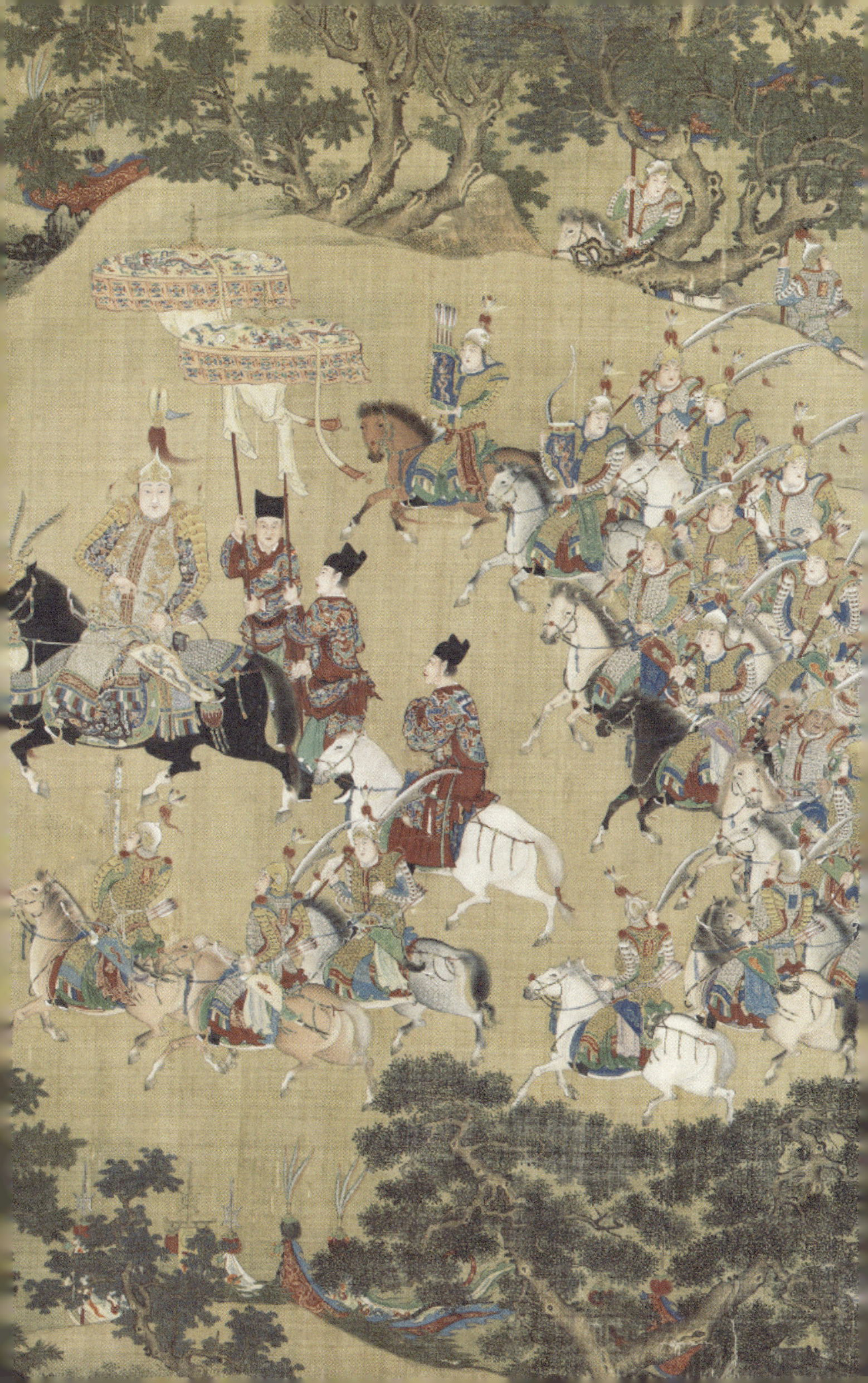

《入跸图》(局部)，作者不详

该图描绘了《出警图》中万历皇帝出京谒陵之后乘船返回的景象。现藏于台北故宫博物院

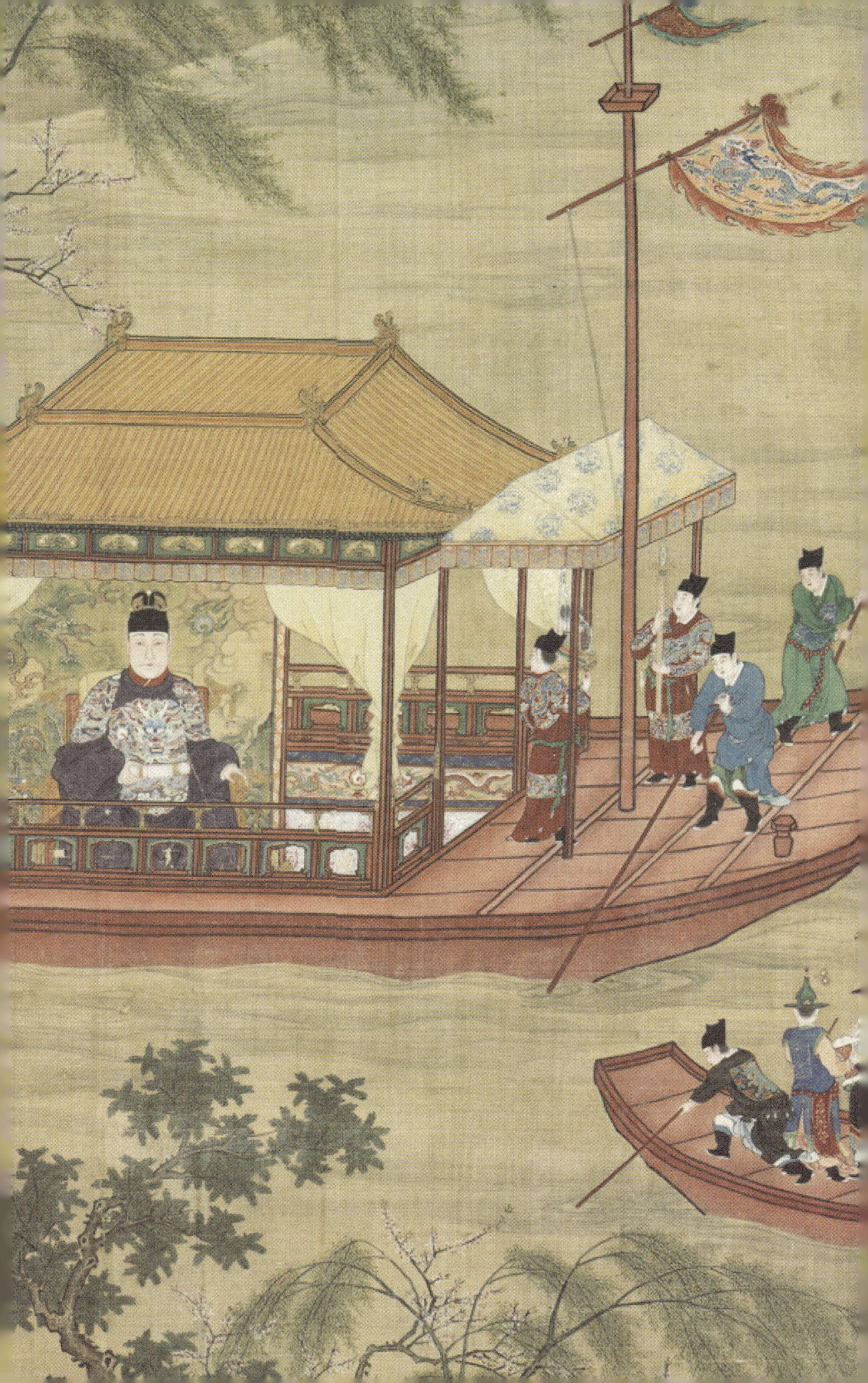

[明]仇英绘:《倭寇图卷》(局部)

该图描绘了明代东南沿海地区遭到倭寇入侵劫掠,明军士兵出城剿寇,双方于水上激战等一系列场景。现藏于东京大学史料编纂所

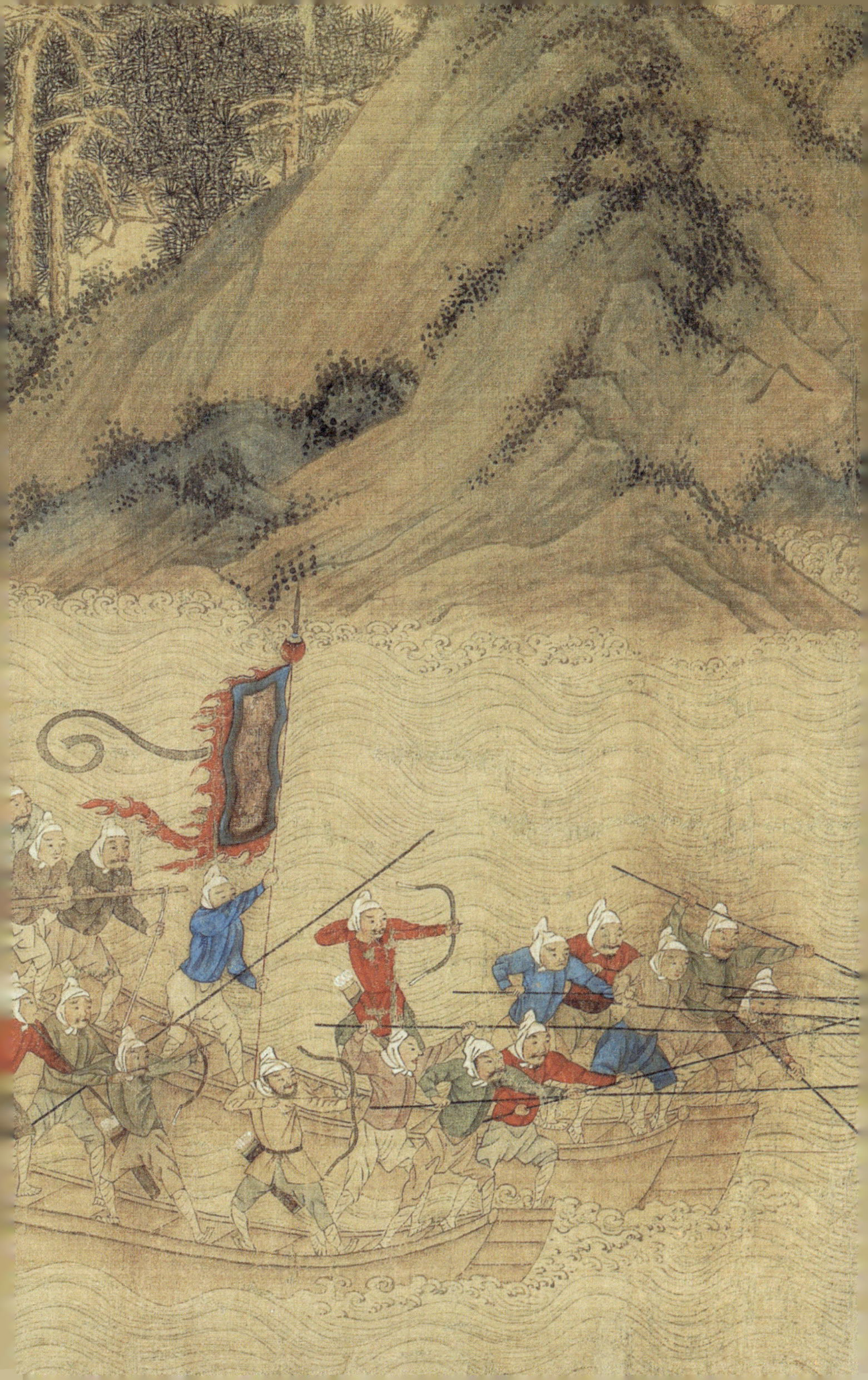

［明］仇英绘：《职贡图卷》（局部）

该图描绘了各国使臣至北京朝贡的场景。现藏于故宫博物院

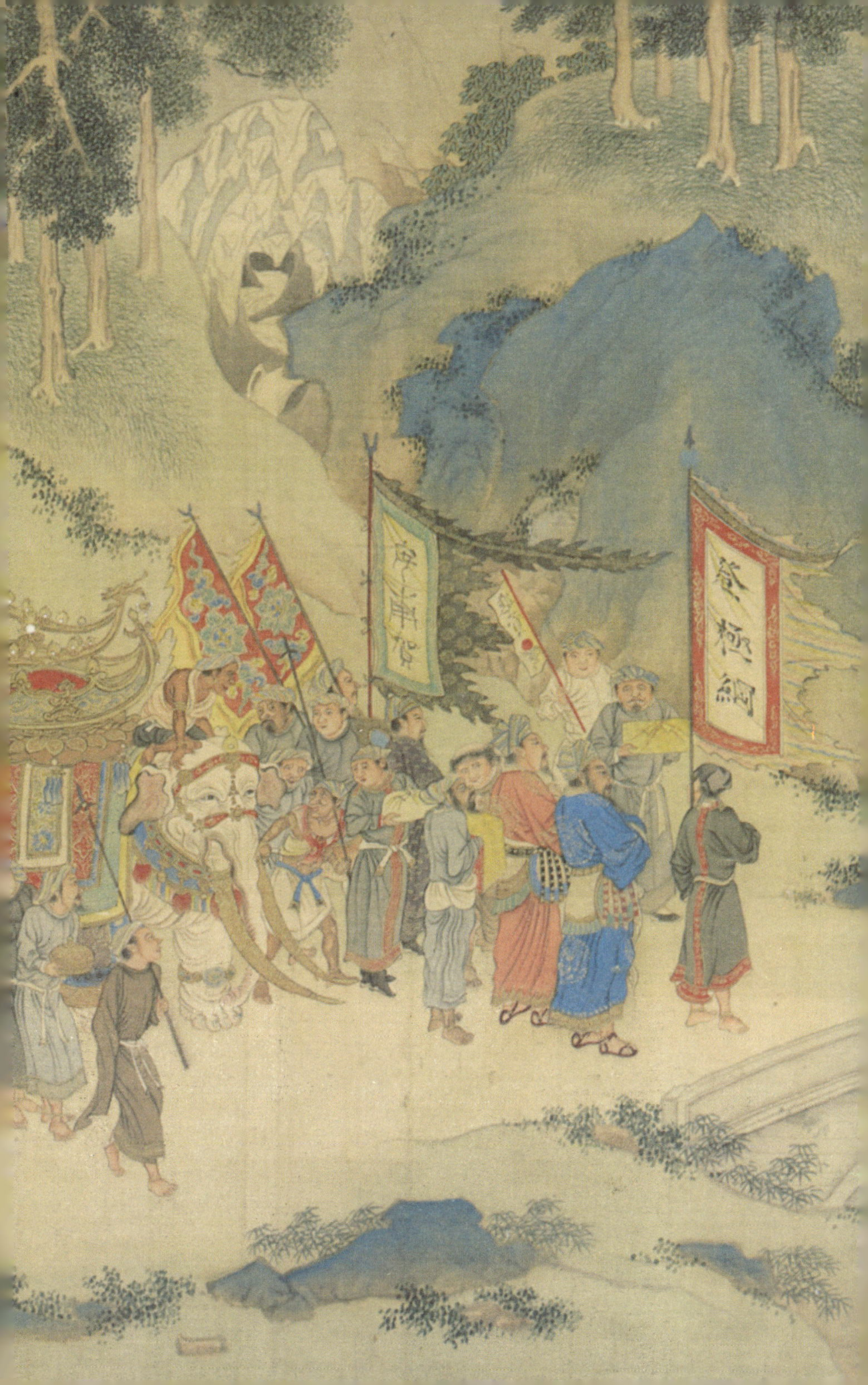
登極綱

[明]仇英绘:《观榜卷》(局部)

该图描绘了明代科举殿试后放榜时,士子纷纷前来观榜的场景。现藏于台北故宫博物院

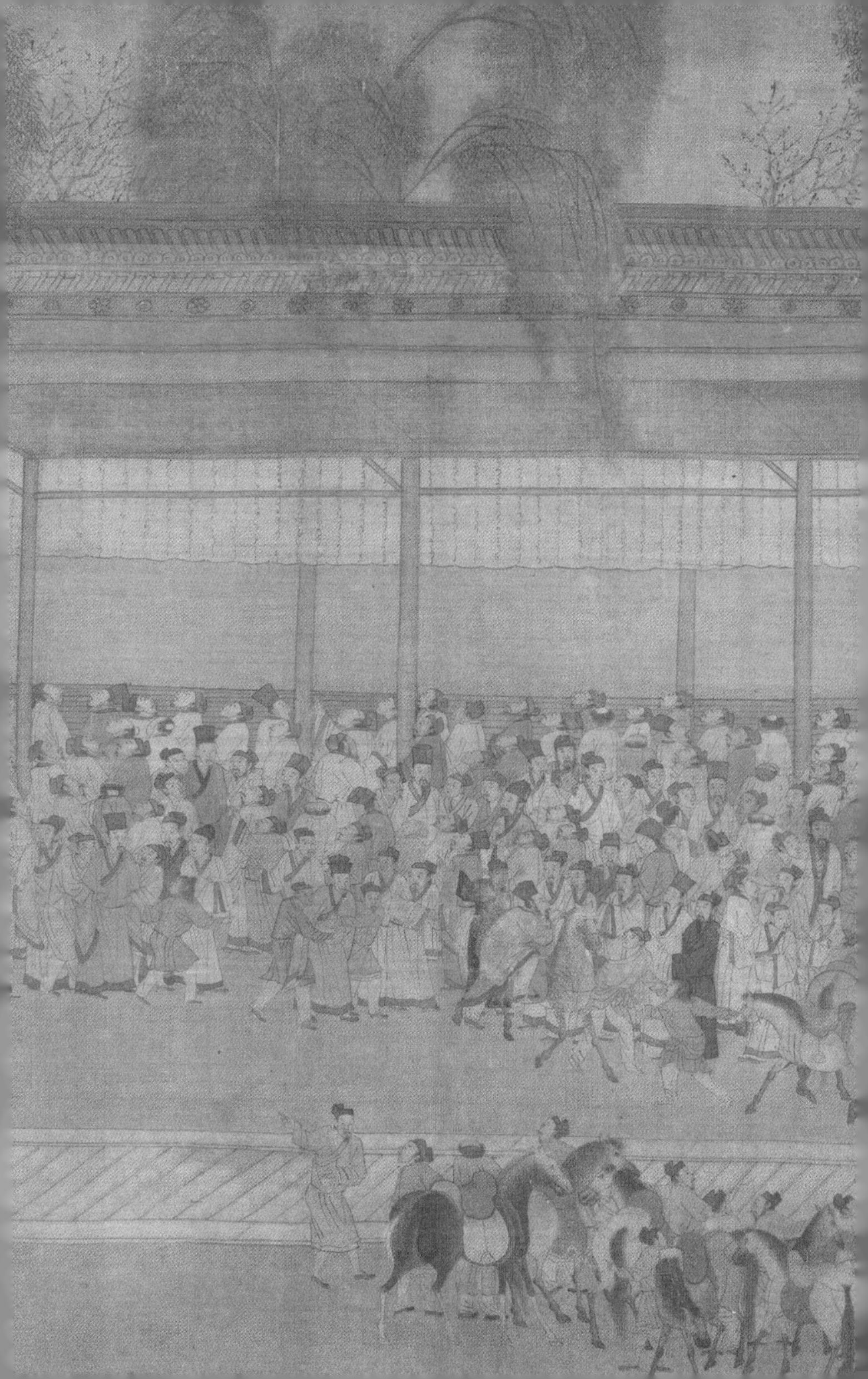

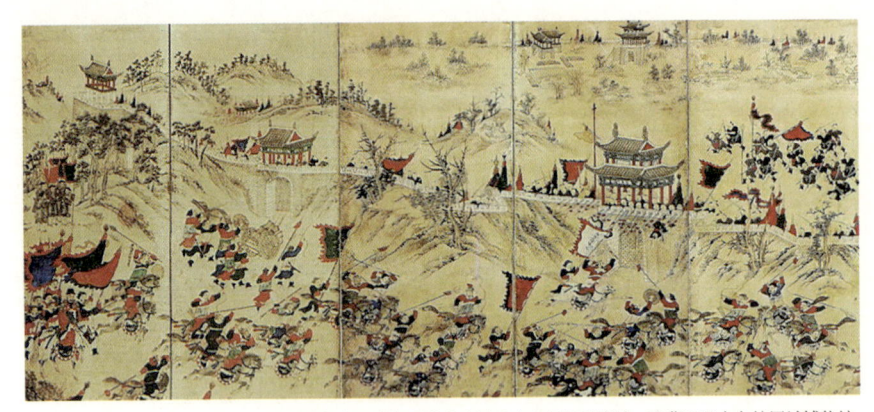

一幅明代画屏，上绘情景为万历朝鲜战争中，明朝军队进攻被日本占领的平壤城。现藏于日本名护屋城博物馆

《平番得胜图》（局部），作者不详。该图描绘了明代万历年间朝廷平定西北叛乱的场景。现藏于中国国家博物馆

围绕安置英宗、废黜太子这些问题，景帝与文武官员又产生了多次冲突。为压制舆论，景帝甚至对谏言者采取廷杖之刑，御史钟同被杖死，礼部仪制郎中章纶重伤。朝廷内外对于景帝开始滋生出明显的不满和怨愤之声。

"夺门之变"

朱见济被立为太子的次年，也就是景泰四年（1453），便夭折了。由于景帝并无其他的儿子，太子储位于是空了出来。景泰八年（1457）正月十二日，春节假期还未结束，景帝病得已经很严重，在郊祭之时，"忽呕血不能成礼而还"[7]。不过，经过太医的调理，在三四天后，景帝身体有所恢复，已经开始准备上朝了。

而在此时，在景泰时期一直不受重用的政治势力开始行动。如武将石亨虽然在"北京保卫战"中立有战功，担任京营总兵官，但一直被于谦约束在军事领域；曹吉祥由于是英宗系宦官，虽然作为宦官代表参与京营管理，但在宫廷之中也属于政治失落者；而徐有贞在倡议南迁之后，一直是朝堂上的笑柄。他们在十二日景帝病重的当天，暗地通过宦官与英宗取得了联系，表达了推举英宗复位的意愿。十六日，英宗在反复考虑、权衡之后，同意了此事。曹吉祥将此事向孙太后进行了汇报，孙太后为了营救英宗，也亲自书写了敕文，为他们入宫提供了凭证。就在这一天，众人打算发动政变的消息被景帝听闻，但由于病情仍有反复，景帝并未来得及处理此事，而是打算在十七日逮捕众人。听闻此信的众人，决定立即发动政变。[8]

十七日凌晨，月色阴沉。四更时，石亨、曹吉祥、徐有贞、前府右都督张𫐄、杨善、户部右侍郎陈汝言、前兵部尚书王骥，以及孙太后的娘家人，率领以京营士兵为主的近一千人，从长安门进入南宫，与英宗里应外合，砸开南宫的大门。众人扶英宗上了步辇，经右顺门而入，途中击杀了景帝的心腹武将范广，最后进入了奉先殿。此时，天色已亮，到了上早朝的时间，徐有贞于是向等待景帝上朝的文武官员，宣布英宗复位的消息。这就是明代著名的宫廷政变——"夺门之变"。

"夺门之变"发生后，参与夺门的众人为了掩饰宫廷政变的本质，诬陷于谦和左都御史王文，指责二人打算迎立襄王世子朱祁镛入即帝位，夺门众人为了维护朝廷法度，才拥立英宗复位。虽然迎立外藩查无实据，但夺门众人仿照南宋秦桧构陷岳飞的"莫须有"罪名，将二人定为谋逆罪。英宗本来不想杀于谦，面对夺门众人的请求，"犹豫良久，曰：'于谦曾有功。'"[9]但在众人的压力之下，英宗最后依旧将于谦处死，只不过从凌迟减轻为斩刑。据于谦的儿子于冕回忆，英宗杀于谦，孙太后并不知道，后来听闻此事，"嗟悼累日"。有一天英宗前来问安，孙太后责备英宗道："于谦曾效劳，不用当放彼归田里，何忍置之于死！"天顺年间，接替于谦为兵部尚书的陈汝言，因为贪赃被下狱。与之相比，于谦一生清廉，为此，英宗十分感慨，"益悟其冤而深悔之"。并在后来对夺门众人心生不满时，对着他们连喊数声"好个于谦"，吓得众人汗水直流。[10]

景帝之死

"夺门之变"后，景帝被转移到西内居住。英宗对于景帝，最初有保全其性命之念，据时人叶盛记载，英宗在复位两三天后，与夺门众人商议朝政时，曾高兴地说："弟弟好矣，吃粥矣。事固无预弟弟，小人怀之耳。"[11]叶盛作为当时之人，又是从现场亲历者处获知这一信息，所记应该是真实的。英宗如果想杀景帝，在登基之初，顺应当时景帝病重的舆论，趁混乱之际，将其杀死，这样是最不留痕迹的。但景帝迟至天顺元年（1457）二月十九日，即"夺门之变"一个多月之后才去世。可见英宗最初并无杀弟之念，至少心中曾有徘徊。

但景帝并非病亡，而是被宦官蒋安"以帛勒死"[12]。如此大事，如果没有英宗的暗示，宦官实不敢采取行动。可见，英宗虽然顾念兄弟亲情，但自己在景泰时期所积攒下来的仇怨，也未完全释怀，从而最终在夺门群体的建议之下，杀掉景帝。英宗对于景帝的怨恨，在后来处理景帝家属事宜上，便可看出。英宗在历经坎坷之后，变得很有同情心，复位之后，宣布释放一直被关押的建文帝后代。但这种同情心，没有用在处理景帝家属的事情上。英宗将景帝妃嫔全部殉葬，甚至一度想将已有幼女的废后汪氏也一同殉葬。虽然英宗最终接受李贤的建议，保全了汪氏，但仍然追查景帝的佩玉并向汪氏讨要，气得汪氏将玉佩砸碎，扔在了井里。种种迹象可以看出，英宗对于景帝仍不能完全释怀。[13]

与景帝相比，汪氏结局就好得多了。汪氏原来是景帝的皇后，因谏阻易储被废。汪氏被废后，与被废的太子朱见深同病相怜，感情深厚，在景泰后期对废太子多方维护。英宗复位以后，朱见深竭力维护汪氏，对英宗说："当时事，我固详知，婶娘信圣哲。"景帝被废帝号后，汪氏不便再留于宫中。朱见深认为"婶既养于此甚好，但居处不相宜，婶当不安"，因此建议英宗，命汪氏出居郕王府。对于汪氏，朱见深一直"礼之甚恭，而奉养极厚"。而孙太后也与汪氏保持了良好关系，"岁节亦时邀[汪氏]入叙家人礼"。直到弘治时期，汪氏才去世。汪氏出宫之后，她的女儿仍然留在宫中，由于是废帝之女，无人敢冒风险迎娶。宪宗登基之后，亲自为她挑选驸马。"汪既出，而郡主尚在宫中。至宪宗朝,命选郡马,主坚不肯行,言当一生不嫁。上曰:'妹不肯嫁,志虽好,然终不了后去,恐无结果处。'乃强下嫁王氏。"英宗对于汪氏,也较为照顾,在命汪氏出宫时,让她带走原来所有的宫女,并另外安排老成宦官数人,加以服侍,并且景帝遗留下来的财物,也都由她全部带走。家庭亲情没有因为政治变故而被彻底摧毁,这也使明中期的政治在惨厉之余,仍保留一片温馨。[14]

除了汪氏,在景泰时期备受冷落的深宫中,朱见深尚得到另一女人的贴身呵护,这便是其乳母兼侍女,后来被其亲昵称为"侍长"并封为贵妃的万氏。女性特有的温柔气息,竟使经历坎坷的朱见深充满了对生命的满足感。他即位以后,眷顾后宫,崇信佛教,为人善良,堪称明代性格最为良善的皇帝。万氏死后,宪宗异常眷念,竟说出"万侍长去了,我亦将去矣"[15]的谶语。数月之后,宪宗也与世长辞,可见他对万贵妃的感情,十分真挚而深沉。

九
河套危机与长城时代

长城的历史角色

河套弃守

曾经的机会

成化"搜套"

边墙争议

榆林长城

祸起西北

明长城时代

长城的历史角色

长城是世界历史上修筑时间最长、规模最大的军事工程。长城修筑之后，直接在中国北方划分了一道疆界，改变了中国的历史进程。长城虽然在一定程度上有效抵御了北方族群骑兵的进攻，保障了中原地区的相对安宁；但长期的修建又耗费了中原王朝的大量财政收入，从正、反两个方面影响并形塑了中国古代的历史进程。不仅如此，长城修筑之后，北方族群南下的难度加大，促使其更多地向西方进军，通过中亚、西亚进入欧洲地区，影响了整个世界历史的进程。

明朝在内敛的疆域政策的影响之下，在中国历史上最后一次大规模修筑长城。那么，明朝为什么要修筑长城？长城对于明代中国，乃至世界近代史，又产生了何种深远的影响？

河套弃守

明朝从开国伊始，便不断修筑长城。洪武时期，明朝为防御北元的反扑，沿太行山、管涔山、恒山的连绵山脉，构建关隘防御体系，形成了近边防御体系。为控制蒙古南下的主要通道，明朝又分别在大宁卫、山海关修筑了数百余里长的墙垣，在开平卫建立起烽堠通信体系；在东胜诸卫以东，从今内蒙古乌兰察布市向西南至山西老牛湾村，修筑了约三百里的墙垣。永乐时期，朱棣一方面在蒙古高原"五征三犁"，另一方面对武将们的军事能力十分担忧，于是在宣府、大同修筑了边墙。正统时期，明朝为防御兀良哈三卫南下，沿辽河套地区南缘，混杂大量木栅，修筑了很长的边墙。以上长城的修筑，虽然规模不小，但影响基本限于本地，未对其他地区和后世的长城修筑产生示范意义。而成化中期榆林长城的修筑，不仅掀起了明中后期长城修筑的潮流，而且成为后世关于长城是否应该修筑的争论焦点，是"明长城时代"的重要节点。

宣德以来，蒙古各部不断内斗，失利的鞑靼南下到阴山一带避祸，胜利者兀良哈、瓦剌尾随而来。三种势力沿着阴山，由东向西，在明朝边境不断奔驰。这个时候，他们都发现了一片广阔的无人之地——河套。河套在秦汉时期被称为"河南地"，是黄河中游从宁夏到山西的河段所呈现的"几"字形区域。明朝人觉得这片区域看上去像个套子，所以把它改称为"河套"。河套由南至北依次分布着毛乌素沙地、鄂尔多斯高原、河套平原，虽然大部分地区不适合推广农业经济，但拥有广阔而茂密的草原，非常适合游牧经济。

河套原本是个极热闹的所在。秦汉、隋唐崛起于西北边疆，建都关中，西北边疆是北部边疆经营的重心。作为当时京师屏障的河套，更是军事经营中的重中之重。而匈奴、突厥等北方民族南下进攻关中，也以河套作为战略跳板。但伴随着中唐以后中国经济、政治中心的东移，河套不复往昔的战略地位。成吉思汗在攻打西夏之时死亡，蒙古为了报复，大肆屠杀这一地区的党项族群。传说成吉思汗葬地在河套，元朝官方也在此祭祀成吉思汗，成吉思汗陵便建于此地。为保持这一地区的宁静，蒙古帝国在这一地区并未大规模设置机构。无论如何，元代河套一改数千年不断的农牧开发和战争频仍的局面，陡然进入了一段寂静的时光。

明初先后定都南京、北京，皆远离河套，河套在帝国的政治版图中，只是偏僻的西北一隅，明朝延续了元朝的历史脉络，对河套并不关注，基本是空置其地，仅在其北面设置东胜诸卫，守卫黄河以北。随着东胜诸卫的内徙，河套完全敞开在蒙古各部的视野之下。宣德以后，尤其是"土木之变"以后，蒙古骑兵屡次从河套长驱直入，向东越过黄河，进攻山西地区，向西跨越贺兰山，进攻宁夏、甘肃，向南进攻陕北地区，从而在西北边疆撕开了一个巨大的口子，突破了明朝的整体防线，严重威胁了西北民众的生命和财产安全，形成了十分严重的河套危机。成化时期，蒙古各部内乱加剧，鞑靼各部为躲避内乱冲击，纷纷南下明境。与之前蒙古南下主要为抢掠物资不同，此时鞑靼各部南下，增加了躲避内乱的因素，因此滞留时间更长，从而重点向适合大规模游牧的河套迁移。

曾经的机会

天顺时期，大同镇游击将军石彪针对河套危机，提出在威宁海子（今内蒙古察哈尔右翼前旗东北黄旗海）筑城驻防，从而切断蒙古南下的交通要道。但这一建议不仅未被采纳，反而给石彪乃至石氏家族带来了灭门之祸。

"夺门之变"后，石亨因拥立之功，晋爵忠国公，无论从地位还是能力而言，皆堪称杨洪之后明朝第一武将。天顺时期，蒙古骑兵南下河套，明朝派遣石亨叔侄前往搜剿敌军，这在当时被称作"搜套"。石亨、石彪不负众望，先后在天顺元年（1457），取得磨儿山（在今山西晋城市东）大捷，斩首174人；天顺三年（1459）野马涧（在今陕西定边县东安边镇东北）大捷，斩首

513人，此是明中后期历次"搜套""复套"战役中，获得的最具分量的大胜。

取得"搜套"胜利后，石彪返回大同镇，不仅仍多次获得战功，而且颇有见识地请求驻守威宁海子，堪称杨洪、石亨之后明中期第一将才，其才气、勇略甚至较二人尤胜，从而继杨洪被蒙古人称为"杨王"之后，被称为"石王"。

这样一位已充分展现才干的将领，在战功既为西北第一，且身居侯位的情况下，却一直未能升至大同镇总兵官。个中原因是英宗担心石氏家族势力过盛，会影响自己的皇位稳固。"夺门之变"后，石亨也仿照杨洪做法，努力构建听命于自己的武将集团，将家人、亲故、旧部都纳入进来，规模较之杨氏家族庞大许多。对于石氏专权，英宗十分嫉视，自然不会命石彪镇守大同，形成叔侄二人一内一外、共握天下精兵的态势。

天顺三年（1459），英宗借石彪提出驻守威宁海子之事，让大同镇总兵官李文诬告石彪有谋叛异志。英宗以交接蒙古为罪名，将石彪诛杀，而石亨也系狱病死，其麾下武将集团被解散，石氏家族在昙花一现后迅速覆灭。

英宗消灭石氏家族，虽然恢复了政治平衡格局，但伴随石亨、石彪身死，明朝失去了当时最有资格与蒙古一较高下的武将，使明前期以来面临的武将断层现象愈加严重。明中后期"搜套""复套"战争中,武将不仅多不堪重用,甚至多浮浪之辈,再未取得堪比石彪的战绩,这也是明朝在中后期失去河套的军事根源,对明中后期北部边疆战略劣势的形成和加剧影响深远。

成化"搜套"

成化年间,围绕如何解决河套危机,明朝内部产生了两种解决方案。第一种解决方案是主张开展大规模"搜套",一劳永逸地解决问题。这种方案以阁臣李贤为代表。成化二年(1466)五月,鞑靼毛里孩部进入河套。李贤提出,"不一劳者不永逸。今欲安边,必须大举而后可也",并主张抽调陕西、延宁、甘凉、宣大诸镇军队中的精锐骑兵、步兵,并打造战车、拒马等应对骑兵的器械,"期以明春或今秋,进兵搜剿,务在尽绝"。[1]明朝于是派遣杨氏家族的杨信,充任"搜套"总兵官。但杨信生性畏懦,在"土木之变"发生后,曾经在北运粮草的途中,听闻炮声,吓得跑了回来。[2]他的能力根本不足以指挥如此大规模的战役。事实也是如此,在杨信的指挥下,明军调动非常缓慢,虽然取得小龙州涧之捷,但次月参将汤胤勣驻守孤山堡(今陕西府谷县孤山镇),中伏而死,朝野震动,杨信遭受了巨大的质疑和批评。正当杨信身处信任危机之时,毛里孩在鞑靼内乱和冬季严寒的双重冲击之下，请求与明朝展开朝贡贸易，从而退出了河套，杨信幸运地得保晚节，但也由此从"搜套"行动中退出。

成化五年（1469），鞑靼阿罗出进犯河套，兵部尚书白圭力主"搜套"。《明史·叶盛传》记载："满都鲁诸部久驻河套，兵部尚书白圭议以十万众大举逐之，沿河筑城，抵东胜，徙民耕守。帝壮其议。"由于杨信能力不足以"搜套"，明朝改而委派平灭荆襄流民起义的朱永充任搜套总兵官，并由文官都御史王越参赞军务。此次"搜套"，明军先后取得双山堡（今陕西榆林市东北双山乡）大捷、怀远堡（今陕西榆林市横山区东南旧城村）大捷。成化七年（1471），阿罗出与孛加思兰、孛罗忽发生内斗，被后者逐出河套，从此不再进入河套。此次"搜套"行动与杨信负责的那次相比，无疑在战役层面取得了明显战绩。但从战略层面而言，"搜套"军队并未在军事胜利后进一步驻扎河套，巩固军事空间，而是鉴于西北地区为供应"搜套"大军粮饷而造成巨大的财政负担，采取遣散军队、分散就粮的做法，这为孛加思兰再次进入河套提供了可能和空间。

成化七年（1471），孛加思兰在驱逐阿罗出后，顺势进入河套。成化八年（1472）二月，白圭再次提出"搜套"。除王越任参赞军务外，"搜套"总兵官改由平灭大藤峡苗人、辽东女真叛乱的赵辅担任。赵辅是个靠结交权贵上位的无能之辈，赴任之后并无丝毫成绩，榆林地区屡遭进攻，赵辅遂遭到弹劾。在朝廷屡次斥责之下，赵辅甚至编造乩加思兰、孛罗忽出套东行的谎言。最终在朝廷严厉批评之下，成化八年（1472）十月，赵辅主动辞职。

成化九年（1473）十月冬季来临之时，王越最终取得红盐池（今内蒙古伊金霍洛旗南红碱淖）大捷，此役是成化年间明朝"搜套"行动取得的最大胜利，共擒斩355人。红盐池大捷后，当月王越又取得韦州（今宁夏同心县东北韦州镇）大捷，斩首149人，却有杀戮逃归汉人之嫌。经过两次大捷，明朝沉重打击了河套的蒙古部落，使其在很长一段时间内不敢再南下河套，"搜套"行动取得了重大胜利。

虽然"搜套"行动取得了战役层面的胜利，但长期的军事行动，给西北地区造成了严重的财政危机，乃至民众流离失所，引发社会危机。河套地区沙化严重，缺乏大规模推广农业经济的生态条件，河套以北也无明军驻守，河套地区屯垦移民的安全也没有保障。因此，在"搜套"成功之后，明朝并未进一步在河套设置机构、固定控制，而是仍采取空置河套的方式，这无疑不能阻止鞑靼各部对河套的渗透，河套也逐渐沦为鞑靼的固定驻牧之地。

边墙争议

除了大规模举兵"搜套"，第二种解决方案是主张在榆林构建长城防御体系。主张这一方案的，是中央管理财政的户部官员，以及负责西北社会安定的延绥镇巡抚、陕西巡抚。与兵部官员追求建立军功不同，户部官员、巡抚分别担负着平衡中央财政和地方财政之责，连年的"搜套"战争给上到中央、下到西北地方都带来了巨大的财政压力。因此，这两种政治势力成为"搜套"战争的最大反对者。作为"搜套"的替代方案，西北巡抚提出修筑边墙，将之与已有营堡相结合，从而构建长城防御体系。

成化六年（1470）三月，延绥镇巡抚王锐首次提出在榆林边界地区修筑"边墙"，宪宗对此表示赞同。[3]这一方案是榆林"大边长城"的最早蓝图。但这一计划并未实行，原因是兵部主持的"搜套"正在举行，不愿其他方案中途扰乱。

不久后，由于"搜套"行动导致陕西财政危机和社会动荡，陕西巡抚马文升指出"搜套"效果很差，"道途辽远，军未集而虏已去，徒费供亿，无益于事"[4]，因此应采取防御方式解决河套危机。但与延绥镇巡抚王锐重点关注榆林边境防务不同，马文升作为陕西巡抚，更为关注榆林的纵深防御，主张通过堵截，阻止蒙古军队进入陕西腹里。他提出先在白于山地区，利用当地地形和北宋时期的堡寨，构建包括墙垣、城堡、墩台在内的榆林内地长城防御体系。而修筑工程所需的人力，马文升提出可以用当地"土兵"。可见，马文升可能吸取了王锐提出修筑"大边长城"被兵部阻挠的教训，不与"搜套"方案直接碰撞，改而提出在陕北腹里修筑"二边长城"，以较低成本，依托白于山地形和前朝旧迹，利用榆林"土兵"而不是参加"搜套"的正规军，铲山筑墙、修复城池。但他的这一建议同样未能实施。

成化七年（1471）七月，新任延绥镇巡抚余子俊在马文升之后再次上奏，请求修筑"二边长城"。余子俊同样为避免与"搜套"方案相冲突，甚至更退一步，主张用民众修筑长城，并将工期缩短。对于西北巡抚的边墙方案，兵部一直拒绝，但因延绥镇巡抚、陕西巡抚连番提出这一议案，为缓解舆论压力，兵部统一给出解释，指出王锐所倡"大边长城"修筑方案，在平坦沙漠上修筑边墙，不仅容易倾塌，而且容易遭受蒙古骑兵的大规模冲击，因此不宜修筑；马文升、余子俊主张的"凿山设险"，会劳役民众，应当在"搜套"成功之后，以榆林正规军队为主，并由当地民兵协助，修筑完成。对于兵部的立场，宪宗表示了尊重："设险守边，兴工动众，当审度民力。姑缓之。"[5]于是榆林边墙方案再次搁浅。

榆林长城

成化八年（1472），余子俊再次执着地提交"二边长城"修筑提案。这次，他首先攻击兵部主持的"搜套"行动不但劳而无功，而且给民众带来了极大的压力，甚至可能会导致叛乱的发生，主张不如将"搜套"军队调回，修筑"二边长城"。

在政治舆论普遍反对"搜套"的背景下，宪宗派遣吏部右侍郎叶盛前往西北，实地察看到底哪种方案更好。白圭觉察到宪宗对于"搜套"的态度有了变化，故在叶盛回朝之前，主张立即开展"搜套"，但宪宗并未接受。

与此同时，包括镇守太监张遐、总兵官许宁、巡抚余子俊在内的延绥镇官员也发现宪宗态度出现变化，开始联合起来，请求暂停"搜套"，将军队调回。值得注意的是，之前负责"搜套"的官员王越也加入了进来，他指出："士卒衣装尽坏，马死过半。请如前罢遣休息，令治装听调。"[6]王越之所以如此，原因在于"搜套"长期无果，他自己也感受到了巨大的压力。

三月，叶盛到达榆林之后，认识到明军在现有战斗力、后勤补给状况下，与鞑靼作战存在很大风险，应首先加强防御，从而与"搜套"官员代表王越、延绥镇代表余子俊联合上奏，一致主张借助陕西、山西民力，修筑"二边长城"。对于这次更大规模的边墙动议，白圭仍持反对态度，主张"搜套"成功之后，才能修筑边墙。

当月，继联名请求修筑边墙之后，叶盛与"搜套"官员王越再次联名上奏，以河套地理旷远为由，请求停止"搜套"，将"搜套"兵力分驻于榆林各营堡。九月，余子俊也再次上奏，认为"今山陕之间，旱雹所伤，秋成甚薄……财力困穷，人思逃

九　河套危机与长城时代

窜",因而请求尽速"铲削边山",修筑边墙。[7]

对此,白圭仍表示反对,他的意见是如果鞑靼能够出套入贡,便可以考虑修筑边墙。但宪宗对于西北危机已急不可耐了,直接说道:"修筑边墙,乃经久之策,可速令处治。虏酋如不来入贡,亦不必遣人招之。"[8]也就是说不管鞑靼是否出套入贡,明军是否仍需"搜套",都必须尽快修筑边墙。

令白圭意想不到的是,"搜套"总兵官赵辅在巨大压力之下,也转向边墙方案,并综合了"大边长城""二边长城"两种思路,主张在宁夏镇的河套南缘地区修筑"大边长城",在延绥镇的白于山修筑"二边长城"。对于赵辅的立场变化,白圭十分恼怒,认为他"首鼠两端,自揣事势不支,欲推避之计"[9]。而赵辅也干脆豁了出去,与白圭展开了辩论。他指出"搜套"行动不仅代价巨大,而且难以实现:"大军所至,刍粮缺供。况山陕荒旱,众庶流移。边地早寒,冻馁死亡相继。彼督饷者惟恐缺食,典兵者惟欲足兵,民事艰危,所不暇恤。"中央主张"搜套"的官员,不过是"或泥于兵法,或狃于传闻,不失之易,则失之迂,卒欲举行,未见其可"。因此赵辅请求命延绥镇、宁夏镇、陕西巡抚"乘春凿山筑墙,以为久计",至于"搜套"军队"势既难行,事殊无益",应调回各地。[10]

宪宗已经认可边墙方案,白圭在巨大的政治舆论压力下,只能在表面上同意,不过仍坚持"搜套"方案,并以刘聚取代赵辅。在宪宗的旨意下,余子俊征发五万民众,铲削山体、构筑长城。但由于旱灾的缘故,长城的修筑曾一度中断。成化九年(1473),"搜套"总兵官刘聚也转向修筑边墙方案,请求命余子俊继续修筑。此时,王越最终取得了"搜套"行动的胜利。而白圭由于母亲去世,回乡料理丧事。左侍郎李震代掌兵部,最终同意了修筑边墙方案。成化十年(1474),余子俊最终修筑了"大边长城""二边长城",此后,明朝又在延绥镇、宁夏镇之间,修筑了纵向的界墙,从而构建了完整的榆林长城防御体系。

值得注意的是,在传说中,余子俊是蒙古人的后裔。在中国广阔的西南地区,长期广泛地流传着"铁改余"的历史传说,这一传说产生的背景是蒙哥伐宋。蒙哥因南宋所据守的襄阳依托汉江天险,易守难攻,于是采取了迂回策略,计划从西南进入大理,而后由南至北,灭亡南宋,蒙古大军从而如潮水般进入到广阔的西南边疆。元朝为统治西南地区,一方面实行土司制度,安抚当地的部落首领;另一方面派驻大量的蒙古军队,控扼军事要地。西南边疆于是驻扎了大量蒙古部众。洪武元年(1368)二月,明朝刚开国,朱元璋便颁布"禁胡服、胡语、胡姓"[11]政策,这给留于明境的蒙古人、色目人带来了很大压力,许多蒙古人、色目人通过更改姓氏的方式,缓解自身的生存困境。正是在这种时代背景下,西南地区开始广泛流传铁木真的后裔改姓氏为"余",也就是"铁改余"的传说。20世纪80年代,四川部分民众甚至借助于此，改变了民族身份。如果余子俊确实是蒙古后裔，他修筑了防御蒙古的榆林长城，并掀起了明中后期长城修筑的时代潮流，只能令人感叹造化弄人。

祸起西北

榆林长城修筑之后，边墙直接阻截了蒙古骑兵南下，营堡城寨控制了蒙古南下的交通要冲，墩台能够将蒙古入侵的消息传遍陕北地区，从而极大地加强了陕北地区的防御力度。由于榆林长城以较低的经济成本，在一定程度上缓解了河套危机，从而在明中后期军队战斗能力逐渐下降的情况下，成为西北边疆乃至整个北部边疆明朝军队模仿的榜样，因此掀起了明中后期大规模修筑长城的历史潮流，呈现出与同一时期西欧开启的"大航海时代"截然不同的历史取向。

但另一方面，长城作为一种防御设施，并不能主动、彻底地解决蒙古问题，明、蒙双方从此开始沿长城形成长期的南北对峙态势。这造成了两方面的问题：一是为了守御漫长的长城防线，明朝不断增加兵力，从而给经济发展较为落后的长城边疆地区，带来越来越沉重的财政负担；二是伴随越来越多的士兵驻扎于此，为供应士兵粮饷，明朝不断将北方民众大量招入驿站、后勤组织等机构，而为了加强民众的自卫能力，明朝不断号召民众修筑民堡、加强训练，从而使长城边疆地区聚集了越来越多的士兵、准士兵和民兵，社会结构越来越呈现"军事化"色彩。越来越严重的财政危机和越来越"军事化"的社会结构，使长城边疆地区宛如一座火山，随时都有大规模爆发，产生巨大破坏的历史可能。最终，明末陕北地区军民发动了起义，成为明朝政权的掘墓人。明末起义之所以率先发生在陕北地区，是由于这一地区是长城边疆财政危机最严重、社会结构"军事化"程度最深的区域，二者之间的张力宛如一把利剑，一直悬在陕北地区的上空。

与长城边疆其他地区相比，陕北地区生态环境最为恶劣，经济发展最为落后，经常发生各种灾荒。早在榆林长城防御体系建立之初，陕西巡抚马文升便指出，榆林地区的财政状况若不改善，最终将会成为该地动乱之源。[12]而在这一最为脆弱的经济基础之上，陕北地区成为长城边疆地区"军事化"程度最高的区域社会。榆林长期正面迎战河套的蒙古部落，不仅常年驻扎了七万余人的正规军，还是最早开始征召"土兵"加入军队的地区；在频繁的战争之中，军队战斗力十分顽强，榆林城也因其坚毅而被蒙古人称作"橐驼城"。[13]

值得注意的是，明末陕北军民起义的主体人群，来源于榆林南部和延安地区。李自成是米脂县驿卒，张献忠出身于延安卫柳树涧堡（在今陕西定边县东南）。与榆林北部的正规军队无论如何

九 河套危机与长城时代

尚有一定的粮饷供应，得以保障生存不同，榆林南部、延安地区的普通民众通过加入驿站、后勤组织，在一定程度上被纳入军事系统，但仍保持农民身份，他们"兵民参半，以饷为命，家无儋石，稍稍水旱辄肆攘窃，为隐忧焉"[14]，在遭受自然灾害冲击时，很难得到粮饷的正常供应。而陕北偏偏又是容易发生自然灾害的地区。这样，榆林南部、延安地区社会面临崩裂的风险，便远高于榆林北部。晚明朝廷为应对边疆战事，采取加派军饷的方式，对脆弱的陕北社会造成的冲击最为剧烈。延绥镇正规军队尚有军饷可以暂时支撑，而大量准军事人口却面临前所未有的生存危机，于是他们只得铤而走险，一呼而天下应，成为灭亡明朝政权的主体力量。《明史·流贼传》评价道："盗贼之祸，历代恒有，至明末李自成、张献忠极矣。史册所载，未有若斯之酷者也。"

明长城时代

在世界近代史开启之初，明朝在具备强大实力的情况下，由于政权性格呈现"内敛"特征，并未像这一时期亚欧大陆其他文明那样积极扩张，而是在北部陆疆、东部沿海大规模构建防御体系。大体与西欧"大航海时代"同一时期，明朝以榆林长城修筑为开端，开启了大规模修筑长城的历史潮流，形成了目前我们所看到的明长城格局。明朝这一做法，虽用较为经济的方式长期维持了内政与边防、财政与军事之间的平衡，但长远来看，明朝不仅未能解决海陆边疆问题，更在"南倭北虏"的威胁之下，长期陷入财政危机和政权困境，最终灭亡于长城边疆的叛乱者——陕北军民和女真部族。这同时为欧亚大陆其他文明的向东扩张提供了历史空间，深刻影响了近世中国的历史命运，也深刻塑造了世界近代史的历史轨迹。"明长城时代"实为对明代中国历史内涵的准确概括。

在世界古代史上，亚欧大陆游牧族群的军事威胁，一直都是无法有效解决的历史难题。长城是中国古代中原王朝在与北方族群的长期对立、冲突中，追求内政与边防、财政与战争之间平衡的一种折中方案。这种方案在一定程度上有效，而无法彻底解决北疆问题，朱明政权甚至因此而最终败亡。长城方案根植于当时的历史条件，既有历史合理性，又由于历史条件的限制，存在相当多的局限性。笼统地评价长城有用还是无用，都是一种反历史的做法。人类本身就是一种有缺陷的物种，人类历史也有诸多难题，长时期都无法获得真正的解决。

十
王阳明与马丁·路德

神童的传说
不寻常的少年
初登仕途
龙场悟道
"三不朽"的实现
"此心光明,亦复何言"
王阳明与马丁·路德

神童的传说

俗话说："金无足赤，人无完人。"但如果从儒家立德、立言、立功"三不朽"的人生理想来看，王阳明已经在各个方面做得堪称极致了。而这份完美，源于他一直对社会主流保持疏离和批判的态度，从而拥有自己独立而清醒的判断。

王阳明，名守仁，字伯安，浙江余姚人，因曾筑室于会稽山阳明洞，人称阳明先生，是明中期的思想家、文学家、政治家和军事家。王阳明的父亲叫王华，因曾苦读于龙泉山，人称龙山先生，官至礼部左侍郎。王华不仅为人耿直，在担任经筵讲官时，讽喻宦官干政，而且诗文隽永，有多部著作。

王阳明是王华的长子。据说王阳明出生之时便与众不同。同时代的大儒、王阳明的弟子钱德洪、好友黄绾，在王阳明死后，分别为他撰写年谱和行状，其中都记载了在王阳明出生之时，祖母梦见神人穿着绯色玉带，在云中一边演奏乐曲，一边将一位男孩儿送给她，醒来之后，便听到了王阳明的初啼之声。王阳明的祖父对此感到非常奇怪，于是为王阳明取名为"云"。不过与出生时的神奇相比，王阳明的发育很迟缓，直到4岁还不会说话，家人非常着急。据钱德洪撰写的年谱记载，一位道人看到了王阳明，叹惜道："好个孩儿，可惜道破。"原来"云"这个名字道破了天机，作为惩罚，上天不让王阳明讲话。王阳明的祖父知道后，将王阳明的名字改为"守仁"，果然王阳明便开始讲话了。王阳明一讲话便不同凡响，把祖父平日所读之书背诵了出来，原来他虽不能讲话，却十分聪慧，过耳不忘。关于幼年王阳明的种种传说，应源于王阳明不仅建立了不世之功，而且开创了"王学"学派，在世人尤其是王门弟子那里，更是宛如神一般的存在，因此被演绎出各种神奇故事。

不寻常的少年

少年时期，王阳明便表现出与一般士人不同的价值取向，他对当时士人热衷的科举考试保持一定的疏离态度。在中国古代，通过科举进入仕途，是每个读书人的梦想，为此读书人不惜十年寒窗苦读。但科举制度行之既久，逐渐呈现出僵化的弊端。明朝科举考试以四书五经为内容，由朱熹编订的四书是必考科目，而五经只需要选择一经。在这种制度规定下，明朝士人往往选择一经之后，便不再理会其他四经，每日背诵四书一经，不断演练科举范文，也就是"时文"，却对系统阅读、了解儒家知识体系不感兴趣，更遑论诸子百家的思想学说了。明朝由此出现士人热衷科举，却不甚读书，甚至很少读书的矛盾现象。对儒家思想体系了解的缺失，使许多士人没有自身独特见解，只是在朱熹思想体系中寻章摘句，亦步亦趋。部分有见识的士人，不愿思想受到束缚，通过阅读儒家原典，逐渐形成自己的思想观念，却往往由于与朱熹的经典思想相左，反而不容易在科举考试中成功。在这种时代风气下，不仅儒家学说的发展受到了严重的阻碍，科举考试也逐渐失去本意，许多优秀士人不能通过考试被选拔，甚至有主动放弃科举者。

少年时期，王阳明便问塾师，什么是人生第一等事，塾师回答："惟读书登第耳！"王阳明却表示反对，认为："登第恐未为第一等事，或读书学圣贤耳！"[1]明确表达了他将求学问道作为人生追求的价值取向。既然将通晓儒家学说作为志向和追求，王阳明便不将所学局限于程朱理学，在尝试朱熹提出的格物致知之法而未领悟道之精髓后，王阳明开始对程朱理学提出质疑。

事实上，这一时期王阳明想要学习的内容，并不限于儒家学说，还包括文学辞章、骑射兵法。文学辞章虽然是唐朝科举考试的核心内容，但自宋朝以来，科举考试内容就演变为儒家义理，诗词歌赋成为士人在茶余饭后抒发闲情逸致的个人情趣，所受到的关注度大为下降。不过王氏家族作为书香门第，仍然对文学辞章很重视，王阳明也在这一家学环境之下，自幼便在这一方面表现出十分杰出的资质和能力，出口成章，更是在一生中写下了大量的文学作品。

许多回忆王阳明的记述，都记载王阳明"喜任侠"，即热衷于骑射阵仗。王阳明这一爱好，在当时具有一定的普遍性。明朝在中期以后，逐渐进入多事之秋，不仅蒙古不断发动对明朝的进攻，内部农民起义也时常发生。面对日趋动荡的社会局面，许多有识之士开始关注战争和武备。少年王阳明也察觉到了这种时势变化，于是经常与小伙伴一起演练两军作战。其实在这个年纪，每个男孩儿心中都有一个征战沙场、建功立业的梦想，古往今来都是如此，只是王阳明借助家中藏书丰富的优势，得以遍读兵书，"凡兵家秘书，莫不精究"[2]，从而培养出良好的军事素养。另外，王阳明的射术也很厉害，在平定宁王朱宸濠叛乱后，武宗派遣平叛的京军将军许泰、监军太监张忠觉得王阳明抢了自己的功劳，就让王阳明在演武场上射箭，目的是让他出丑，结果王阳明一发中的，甚至围观的京军都叫起好来。[3]

初登仕途

可见，与同时代的士人相比，王阳明并未完全按照社会的轨辙前行，而是与社会主流保持一定的距离，从而维持了自己思想的独立。但他也为此付出了一定的代价，在第一次会试中名落孙山。不过与有些就此愤而放弃科举的落榜士人不同，王阳明对于科举是采取疏离而非离弃的态度。王阳明凭借自己的聪慧，在27岁时便考中进士，先是在工部观政实习，次年观政期满后，改任刑部，被授予云南清吏司主事，后来又改任兵部武选清吏司主事。

与其他士人科举考中之后便追名逐利的态度不同，王阳明对仕途也保持着若即若离的关系。虽然获得了科考成功，但王阳明仍对程朱理学心存疑惑。王阳明一时难以从儒家内部寻找解决、超越之道，于是转而向另外两大思想体系——道家、佛教，寻求思想滋养。王阳明曾在迎亲途中，跑到道观与道士通宵畅谈，而忘记了娶妻之事；甚至他还一度萌发出辞官出世之念，在会稽山阳明洞修炼导引之术。但作为深受儒家影响的世家子弟，王阳明最终在世俗人伦观念的牵绊之下，仍决定留在红尘之中。

虽然决定入世济民，但王阳明并未完全认同现实的政治规则，而是从儒家士大夫立场出发，保持对权势的批判意识。弘治十八年（1505），明孝宗去世，年轻的明武宗继位，重用与他一起玩耍的宦官。朝中文官掀起巨大的反对声浪，大量朝臣被武宗罢官免职。在这一政治事件中，也出现了王阳明的身影，他为拯救同僚上疏弹劾刘瑾，结果被廷杖四十，几乎死去，而后被贬官到贵州龙场驿（在今贵州修文县）做驿丞。对于王阳明的弹劾，刘瑾一直怀恨在心，派人沿途追杀，王阳明将衣帽投入江中伪装自杀，才逃过一劫。

龙场悟道

虽然人类渴望幸福，但困难始终伴随人生。幸福的彼岸虽然吸引着人们不断前行，但途中所经历的困难更能激发人们的斗志。19世纪英国历史学家托马斯·卡莱尔（Thomas Carlyle）对历史上的英雄主义进行了系统的阐释，他认为决定历史的英雄们在成功之前，都遭遇过巨大的困难，为克服困难而进行的退思和内省，进一步激发出更大的思想力量，最终推动英雄走上历史的前台。而王阳明在龙场的经历，也印证了这一道理。

在被贬谪之前，王阳明的思想体系不仅十分散乱，而且充满矛盾。这一时期，他还只是一位儒学思想的接受者，而不是发明者。在贵州偏远的连绵群山之中，他远离了他所熟悉的江浙繁华和官场喧嚣，与世俗社会愈加疏离，从而得以沉淀与思索，最终将之前所学所思融会贯通，形成自己的思想体系，这便是"王学"史上著名的"龙场悟道"。

王阳明领悟到理向心求，心若自足便不假外求的道理，从而将自己从人生的巨大挫折中解脱出来。这一观点与朱熹倡导的心、理二分,以心求理不同,王阳明认为心便是理,理便是心,知行合一,从而将理学从外在追求转为内在诉求,因此,"王学"属于南宋陆九渊开创的"心学"进一步发展的结果。这一理念有助于缓解正德时期士人群体在政治打压之下的内在挣扎,帮助他们求得心灵的安宁和解脱,以更为释然的心态面对政治和社会。三年之间,王阳明在龙场不断招收弟子,"王学"开始逐渐形成。三年后,王阳明离开了龙场,不断升迁,但龙场的这段经历成为他构建自身学说,也即"立言"的重要转折点。

"三不朽"的实现

兵部尚书王琼虽依附宦官集团,但颇有才干。正德十一年(1516)八月,他发现王阳明有济世之才,便举荐王阳明充任南赣巡抚,弹压那里多次叛乱的边疆族群。南赣地处江西、湖广、福建、广东之间,山岭崎岖,地形复杂,王阳明到任之后,改革兵制,在当地向导引领之下,连破四十余寨,斩首七千余人,取得了重大胜利,稳固了明朝对南方边疆的统治。王阳明在南赣一边用兵,一边讲学,向众多门生传播王学之理。在他看来,通晓儒学真义比用兵平叛更为艰巨,"破山中贼易,破心中贼难"[4]。

次年，王琼觉察到宁王朱宸濠有反叛之意，于是升任王阳明为汀赣提督，赋予其更大兵权，从而在江西设下了一支伏兵。正德十四年（1519），朱宸濠发动叛乱，王阳明得知消息之后，第一时间采取应对措施，伪造兵部公文，诡称已经调集各路兵马围攻朱宸濠的老巢南昌；同时王阳明又使用反间计，分化叛军内部之间的关系。受到王阳明一系列行动的影响，朱宸濠迟迟未敢离开南昌，十余天后才开始进攻安庆。而王阳明趁南昌空虚，攻破此城，并与回师救援的朱宸濠交战，取得胜利，迅速平灭了叛乱。与旷日持久的"靖难之役"相比，王阳明在很短的时间内取得如此重大的胜利，堪称丰功伟绩，因此被封为新建伯。

一般儒士能够通过修身以立德，在官场上取得成绩以立功，创建学说以立言，但很少能三者兼备，而王阳明便实现了这一点，堪称完美。历经诸多兵乱之后，王阳明的王学思想又有新的发展，这集中在他所提出的"致良知"理论上，即一切学问的目的，都是为了获取良知，人人心中皆有良知，而知行合一便是将良知推广到其他事物之上，从而实现儒家理想世界。

"此心光明，亦复何言"

明世宗即位后，王阳明居丧回乡。在这一时期发生了对明后期历史影响甚大的"大礼议",与王阳明思想主张相同的众多好友或门生,都加入"大礼议"中,用王学反对以阁臣杨廷和为首的朝臣所主张的程朱理学,官僚集团内部开始急剧分裂,明后期党争由此开启。虽然江湖处处有王阳明的传说,但他还是决定远离江湖。王阳明对于这场政治纷争,一直保持着远离态度,即使议礼中人请他发表意见,他也明确表示拒绝。他对于这种政治斗争十分反感,认为朝廷应该将注意力放在已经危机四伏的时局上。为此王阳明写诗道:"无端礼乐纷纷议,谁与青天扫宿尘?"[5]家居无事,王阳明继续收徒讲学,并进一步发展、完善王学,提出了著名的四句教:

无善无恶是心之体,有善有恶是意之动,知善知恶是良知,为善去恶是格物。[6]

嘉靖六年(1527),明世宗征召王阳明总督两广军务。王阳明在这一地区,采取剿、抚两种措施,先后平定思恩、田州、八寨、断藤峡的叛乱,并实行改土归流,加强了明朝对于西南边疆的直接控制。

嘉靖七年(1528),王阳明肺病加剧,上疏朝廷请求辞官。对此,明世宗未有批复,王阳明于是径直回朝,在归途之中去世。弥留之际,弟子询问他的遗言,王阳明回答称:"此心光明，亦复何言！"[7]王阳明未接到朝廷命令而擅离职守，让世宗十分生气，吏部尚书桂萼上疏弹劾王阳明，认为王学是颠覆程朱理学的"邪说"。世宗于是将王学定性为"伪学"，禁止传播。但嘉靖、隆庆时期，王门弟子仍不断传播王学，并在隆庆时期成功为王阳明平反昭雪。万历时期，在王门弟子的推动下，王阳明成功被列入陪祀孔庙之列，王阳明在儒学发展史中的地位，由此得以完全确立。

回顾王阳明的一生，他一直在思想、政治领域与社会主流保持一定的距离，从而得以维持独立的思想，去创建学说、建立事功，得以实现儒家"三不朽"的人生理想，成为中国古代儒学发展史上的一位完美人物。

王阳明与马丁·路德

王阳明并不孤单，在同一时代的西欧，出现了一位与他颇为相似的历史人物——马丁·路德（Martin Luther）。王阳明生于1472年，卒于1529年，享年57岁。马丁·路德生于1483年，卒于1546年，享年63岁。二人属于同一时代，年龄亦相差不多。

马丁·路德是16世纪欧洲宗教改革的倡导者，新教路德宗的创始人。1517年,马丁·路德在维滕贝格(Wittenberg)诸圣堂门前贴出《关于赎罪券效能的辩论》(又称《九十五条论纲》),批评基督教会售卖赎罪券的行为,指出人只有虔诚信仰上帝,才能获得上帝的宽恕。可见,马丁·路德与王阳明一样,都主张个人信仰,反对外在束缚。二人在东西方世界的交相辉映,反映出伴随近代世界的历史狂潮缓缓拉开序幕,暴风雨来临前的历史气息,感染到了相隔遥远的不同文明。一些有识之士在这一时代大潮席卷之前,已受到深深的触动,于是奋而挑战原有的思想体系。王阳明和马丁·路德分别掀起了儒学革新和宗教改革的历史潮流,举起了个人主义的思想大旗,推动了个体意识的觉醒和平民地位的上升,对此后东西方的思想领域影响深远,堪称早期近代暴风骤雨中,引领东西方文明走向未来的双子星。

耐人寻味的是,二人所发动的这场思想革命,对于中华文明和西欧文明的历史影响,最终大相径庭。在中国,程朱理学很快收复失地,仍然是明清时期的正统意识形态,使得中国仍然保持了传统的国家形态。而在西欧,新教对天主教发起越来越有力的挑战,最终催生出资本主义革命,西欧由此掀起了近代化的世界浪潮,对包括近代中国在内的世界文明,形成巨大的历史冲击。

这种历史差异,源于近代世界开启之时,东西方截然不同的历史氛围和文明土壤。马丁·路德的宗教改革主张与当时正在兴起的资本主义潮流十分契合，从而成为资产阶级反对教会神权的政治工具，发挥出重大的社会影响。与之不同，在明代中国十分浓厚的传统氛围之中，阳明心学的历史影响仅限于思想领域的变革和社会领域的变动，并未对国家体制构成冲击。

但另一方面，宗教改革引发的宗教战争，使西欧在很长一段时间内陷入战争连绵、动荡不安、政权分裂的状态。与之相比，阳明心学掀起的些许浪花，并未引起巨大的时代波澜，明朝仍然维持了稳定的局面。而历史走到今天，伴随西欧的逐渐衰退，中国的强势崛起，似乎一切又可以有新的解读。纵观数百年的世界近代史，风云跌宕，发人深省。

十一
"大礼议"中的君臣角力

身世存疑的武宗
"看家"阁臣杨廷和
"继统"还是"继嗣"
同样的宗法,不同的理解
"大礼议"之争
宗法、人情
势同水火的君臣
"墨菲定律"

身世存疑的武宗

明代诸多皇帝的身世都存有谜团，朱棣自称是马皇后所生，明英宗可能是宫女汪氏所生，而孝宗、神宗、光宗虽然都可以确定是宫女所生，但身世也都不同寻常。李洵根据明代史籍指出，武宗可能是一位宫女所生，而非张皇后所生。[1]

明代文人陈洪谟《治世余闻》记载，有一天，翰林院编修王瓒在完成经筵日讲的授课之后，从左顺门出来，看到宦官们抬着一位女人，用红毯裹着，进入浣衣局，在路过左顺门的时候，两旁的守卫，"俱起立迎入，待之异常"。几天之后，刑部审理了一项案件，有一个叫郑旺的人，说自己的女儿几年前被选入掖庭，"近闻生有皇子，见在太后宫内依住"。郑旺每年都拿些新鲜的水果蔬菜，托西华门宦官刘林送到宫里去，宫里的宫女黄女儿，也会从里面拿些衣服针线送还给郑旺。郑旺回家之后便到处夸耀，被人称作"郑皇亲"，"京城内外，人争趋附，已二三年矣"。后来，郑旺等三人被拿获，孝宗亲自批决，刘林被判斩刑，黄女儿被送到浣衣局，但对于郑旺的处理，只是十分轻描淡写地批复道"已发落了"。过了几年，孝宗去世，武宗继位，大赦天下，郑旺便被释放了出来。在陈洪谟看来，作为主犯，郑旺应该获罪最重，这一不合情理的判决，"盖亦意有在云"。

沈德符在《万历野获编》中，指出孝宗的皇后张氏御夫甚严，"六宫俱不得进御"。郑旺出身于武城卫军户，他的女儿叫郑金莲，是通过一个名叫高通政的人送入宫中，后来郑金莲生下的皇子被送到周太后处抚养。

无论身世如何，明武宗朱厚照都是明代一位个性奇特的皇帝。他从小就十分聪颖好玩，长大后，仍然不喜被约束。即位后，面对文官集团的集体弹劾，朱厚照仍然袒护他的八名宦官玩伴，为此不惜与文官集团决裂。武宗不仅在紫禁城旁另开"豹房"，沉湎戏乐，而且还北上九边，南下扬州；不仅曾自封为"总督军务威武大将军总兵官朱寿"，而且先后宠幸乐工刘氏、孕妇马氏。在明代所有皇帝中，武宗生活得最为洒脱自在。登基16年后，武宗在一次回京的途中，因为跌落河中，着凉受惊，回到北京便去世了，年仅30岁。

"看家"阁臣杨廷和

武宗到处游玩，但朝政仍然得以维持，是因为他对于权力进行了合理的分配和掌控。虽然他非常信任与他一起玩乐的宦官、佞幸，但仍然十分看重内阁。而最受他倚重的阁臣，是他在东宫时期的授业恩师杨廷和。

杨廷和，字介夫，四川新都（今四川成都市新都区）人。杨廷和的科举之路十分顺利，12岁时就在乡试中中举，成化十四年（1478），杨廷和19岁时，便得中进士。杨廷和步入仕途后，首先考取翰林院庶吉士，期满后被授翰林院检讨一职。杨廷和在入仕之初，便被纳入了翰林官这一强势特权群体，从而踏上了通往内阁的快捷通道。弘治年间，杨廷和便由于身为翰林官员的缘故，获得了仕途生涯中的第一次政治机遇——充任朱厚照的东宫讲读官员。内阁委派他充任此职位，反映出有意将他作为未来的内阁接班人而进行培养。杨廷和也因这段经历常以潜邸旧臣自居，"但私窃自念廷和朝廷春宫旧臣，蒙眷知最久"[2]。

武宗初即位，杨廷和便尝到了身为东宫旧僚的甜头，不仅与其他东宫旧僚一同获得了升迁，而且与部分东宫旧僚一同继续讲授经筵日讲。这有助于继续维持与皇帝的私人关系，故而对杨廷和来讲，又是一次难得的政治机遇。至此，杨廷和的仕途可谓一帆风顺，他已经为进入内阁做好了准备。

但等待入阁的杨廷和，遭遇了仕途中第一次巨大打击。他弹劾当权的宦官刘瑾，刘瑾为报复杨廷和，把他改任为南京吏部左侍郎，这等于外放杨廷和担任闲职，杨廷和的政治生命似乎就此戛然而止。但很快,武宗便发现身旁缺少了自东宫时便为之授书的恩师,于是问道:"杨学士何不在?"得知杨廷和在南京后,武宗立刻下令把他召回北京,并让他进入内阁。[3]入阁之后,杨廷和成为武宗最为倚重和信任的文官,武宗每次出门,都命杨廷和负责处理朝政日常事务,甚至亲切地对他说"好生看家",这让杨廷和十分感动。[4]有了杨廷和料理朝政,武宗才能在外自在地游玩,而杨廷和也借此在朝廷之中确立了自己的威势。

"继统"还是"继嗣"

武宗去世前,同样将未来朝局交付给了内阁:"朕疾不可为矣。其以朕意达皇太后,天下事重,与阁臣审处之。前事皆由朕误,非汝曹所能预也。"[5]武宗去世后,杨廷和用计除掉了佞幸群体中握有兵权的江彬,剪除了与之交结的众多文官,从而掌控了朝政大局,成为文官集团的首领。至此,明朝政局虽然波澜起伏,但仍维持着相对的平静。

由于武宗没有子嗣,也没有亲兄弟,张太后和杨廷和选择武宗的堂弟——宪宗之孙、就藩于湖北安陆的兴献王世子朱厚熜为皇位继承人。朱厚熜的父亲朱祐杬两年前已经去世,时年14岁的朱厚熜负责处理本藩事务。接到诏书之后,朱厚熜赴京北上。

但赴京途中，围绕对于武宗遗诏的解读，朱厚熜与正德旧人一方，开始产生分歧。武宗遗诏如此写道：

> 朕疾弥留，储嗣未建。朕皇考亲弟兴献王长子厚熜，年已长成，贤明仁孝，伦序当立。已遵奉祖训兄终弟及之文，告于宗庙，请于慈寿皇太后，即日遣官迎取来京，嗣皇帝位，奉祀宗庙，君临天下。[6]

朱厚熜对于遗诏的理解，是让他来继承武宗的皇统。但是到了良乡，礼部员外郎杨应魁向朱厚熜呈上由杨廷和拟定的礼仪状，让朱厚熜以孝宗过继儿子的身份，依照皇太子即位礼的程序，从皇城东门的东安门进入，入居皇太子居住的文华殿，次日，由百官三上劝进礼之后，再由张太后颁布令旨，而后再选择吉日即位。

对此，朱厚熜并不赞同。朱厚熜决定按照继承武宗皇统的仪式，由皇城正门的大明门直接进入。朱厚熜和正德旧人于是开始了第一次政治斗争。鉴于双方僵持不下，而朱厚熜即位称帝的形势已经无法逆转，张太后只能表示妥协，采取朱厚熜提出的方案。朱厚熜进入大明门之后，便直接登基为帝，是为明世宗。

世宗借助这次斗争，无疑在入京之初，便给了正德旧人一个下马威，告诫他们自己虽然年轻，但是是一个不好惹、有主见的皇帝。

同样的宗法，不同的理解

继嗣还是继统的争执，对于我们现代人来说，似乎只是一种表面的礼仪形式，到最后无论采用哪种说法，结果都是世宗登基，继承皇位，没有什么实质区别。不过，这种看法是身处宗法制度已经瓦解的现代社会的我们，与古代社会的一种隔膜。

人类最早的社会组织，是由具有共同血缘的群体结合而成的，部落内部的权力运行，遵循着血缘机制，部落酋长由祖先的直系后裔担任。伴随经济的发展，不同血缘的群体开始聚合起来，虽然社会组织的规模越来越大，但权力机制仍然延续了此前血缘关系的模式，不同群体逐渐附会出共同的祖先。在向国家转变的过程中，有的文明在社会机制上，呈现了从血缘向地缘的突破，比如古代的希腊和罗马；但大多数文明都仍然延续了传统的血缘机制，比如三代时期的中国，血缘机制不仅没有丧失，反而与政治体制密切结合起来，这便是所谓的宗法制度。

事实上，文明一直没有断裂的中国，无论社会秩序还是政治规则，都体现出依照最为传统的血缘关系及其所衍生出的宗法制度进行运转的基本特征。每个人都在宗法制度中获取相应的社会身份，乃至政治权力。相应地，宗法制度就是传统中国的基本规则。在宗法制度下，国家权力便依照血缘关系进行分配。

只不过在古代中国，同样是宗法制度，理解却可以因人而异。世宗与正德旧人在继统、继嗣问题上的争执就是如此。在正德旧人看来，皇统世系本来是在孝宗一系，孝宗传位于武宗，武宗由于没有子嗣，皇统世系由此中断，需要找人过继给孝宗，从而采取兄终弟及的原则，继承皇统。但世宗并不这么认为，他认为皇统本来在宪宗一系，既然孝宗一系已经中断，便应该转移到兴献王这一系，因此他根本不用过继给孝宗，而是按照血缘较近的原则，直接继承皇统。继嗣还是继统，关系着世宗以什么身份继承皇位，采取何种礼仪登上皇位，以及他与前朝政权的继承关系等一系列重大问题。

按照正德旧人的观念，皇统世系本来属于孝宗，孝宗为大宗；世宗所属兴献王一系，只是藩王，属于小宗。因此，世宗需要过继给孝宗和张太后，实现他从小宗到大宗的跨越，在尊崇张太后为母，延续自孝宗以来的朝廷制度的前提下，才能继承皇位。按照这一观念，世宗继承帝位，需要在身份上放弃他原有的支系，在政治上嵌入孝宗以来的政治体系。如果世宗接受了这一安排，便意味着他成为正德旧人控制下的一个政治工具，从此淹没在他们的汪洋大海中。事实上，内阁最初拟定的新年号"绍治"，意思就是继承孝宗弘治朝政，已将正德旧人的这一想法表露得淋漓尽致。

但杨廷和众人的失误在于他们并未将"先继嗣，后继统"这一概念在武宗的遗诏之中界定清楚（武宗的遗诏实出自以杨廷和为首的内阁之手）。这便给世宗坚持自身世系，摆脱正德旧人的控制提供了可能。世宗为了建立自身独立的政治地位，在与正德旧人的政治斗争中掌握主动权，竭力坚持自己本身便具有即位的政治合法性，是过来继统而非继嗣的，因此也不必延续自孝宗以来的政治传统，而是可以另起炉灶，开创新局。世宗把年号改为"嘉靖"，便鲜明地反映出他的这种政治心理。

"大礼议"之争

即位仪式的争执，并非结束，而是开始。世宗决定追崇他的父亲兴献王朱祐杬为帝，通过给其父确立帝位名分的方法，完全确立自己在朝廷之中独立的合法性，从而摆脱正德旧人的控制，开辟出由自己主宰和控制的朝政新局。对于世宗的这一主张，以杨廷和为首的文官集团，与世宗及支持他的为数甚少的文武官员，形成持久而严重的政治冲突。由于争论的核心问题是关于追崇兴献王的名号并制订相应的礼仪，因此史称"大礼议"。

即位之后的第五天，朱厚熜便命官员制订崇祀兴献王的礼仪。礼部尚书毛澄请示杨廷和如何处理这一问题。杨廷和指出应按照历史上西汉定陶王、北宋濮王的故事，制订相关礼仪。汉成帝刘骜由于多年无子，将定陶王刘康的儿子刘欣过继过来，立为皇太子。成帝去世之后，刘欣继位为帝，是为汉哀帝。汉哀帝后来追崇刘康为恭皇。宋仁宗赵祯多年无子，将濮王赵允让的儿子赵宗实改名赵曙，过继为子。仁宗去世之后，赵曙继位为帝，是为宋英宗。宋英宗为追崇生父，引发了朝廷之中巨大的政治争论，虽然如愿获得了追崇生父为"皇"的舆论支持，但最终并未实行，此事史称"濮议之争"。而这两件事的共同点是，汉哀帝的生父和宋英宗的生父均只是被追为"皇"而非"皇帝"，这代表汉哀帝和宋英宗二人仍在法统上自认是继先前皇帝之嗣。

杨廷和标榜这两个典故，立场十分清楚，那便是仍将世宗入即帝位，视作继孝宗之嗣。以他为首的文官集团，从而提出世宗应尊孝宗为皇考，尊亲生父母为皇叔父母。不过事实上，杨廷和这一主张存在巨大的漏洞。那便是汉哀帝、宋英宗的即位方式，与世宗的完全不同。无论汉哀帝还是宋英宗，都是在汉成帝、宋仁宗在世之时，已经完整地履行了过继、建储仪式。因此，先继嗣、后继统，毫无问题。但世宗与孝宗之间并不曾真正建立过继关系，二人之间所谓的过继关系，是杨廷和从世宗入即帝位的角度，进行的追溯认定。这不仅与汉、宋两朝故事不同，而且也与古代社会一般意义上的过继程序有所偏差。不仅如此，兴献王只有世宗一个儿子，为了在世宗过继给孝宗同时让兴献王也不断后，杨廷和又从别的藩王那里，追溯过继给兴献王一位继子。这种复杂的操作，不仅没有考虑到世宗对于亲生父母的感情，而且也造成了不同支系之间的混乱。

十一　"大礼议"中的君臣角力

这无疑让世宗难以接受，斥责道："父母可移易乎？其再议！"[7]

面对世宗的质问，杨廷和众人将当时奉为意识形态的程朱理学作为议礼的依据。作为程朱理学的开创人之一，程颐曾经撰写过《濮议》，反对宋英宗追崇生父的主张。杨廷和众人鉴于这一主张契合于自己的立场，于是劝导世宗遵守圣人关于宗法制度的解释。对于杨廷和的立场，世宗并不认同，仍命群臣再议。从四月到七月，世宗君臣之间围绕这一问题反复较量，越来越多的官员加入进来，都站在杨廷和一边，劝谏世宗应抛去私情，感念获得皇位之恩，遵照已经确立的皇统世系，不要节外生枝。

正德旧人如此坚定而一致的立场，除了尊奉程朱理学的观念之外，还有现实政治的考虑。孝宗勤政有为，重用文官，弘治一朝被称作"中兴盛世"。武宗却充满主见，信任宦官、佞幸，文官集团惨遭打压。正德旧人不愿再看到正德乱世的重演，鉴于世宗颇有主见，又十分年轻，与武宗有些类似，从而打算在一开始便通过采取举朝重压的方式，迫使世宗同意继嗣，谨守弘治时期的朝廷制度，成为收敛个性、遵守规范的皇帝。

宗法、人情

但杨廷和众人忘了武宗即位之初，文官集团之所以一败涂地，正是由于他们集体胁迫武宗，导致后者产生了逆反心理。而世宗与武宗相比，性格更为刚烈。世宗与正德旧人僵持了三个月后，文官集团内部开始出现裂痕。

作为新进的进士，张璁并不属于正德旧人，于是率先公开站在世宗一边。七月，张璁上《大礼疏》，指出杨廷和众人对于武宗遗诏和西汉定陶王、北宋濮王故事存在认知错误，从人情的角度，依据儒家经典《礼记》所持"长子不得为人后"的说法，指出世宗为兴献王独子，如果过继于孝宗，将会导致兴献王绝后，这不符合儒家所倡导的伦理原则。对于皇统不可绝的说法，张璁认为除了父死子继，在历史上还普遍存在兄终弟及的方式。因此，在张璁看来，世宗入即帝位，是继承了武宗的皇统，不应改变自己的世系，因此应在宫中单独建庙，祭祀兴献王。看到这篇奏疏之后，世宗大喜："此论一出，吾父子必终可完也。"[8]于是世宗召见杨廷和众人，提出尊父为兴献皇帝，母为兴献皇后。对于这一要求，杨廷和众人再次表示反对。

九月，世宗母亲蒋氏北上到了通州。群臣在拟订礼仪时，仍然按照藩王之妃的礼仪，最初是拟订由东安门进，后来改为由大明门进。对于这两种方案，世宗都不同意。世宗主张应由中门进入。对此，文官集团表示反对。而张璁仍然从人情的角度，认为"虽天子，必有母也"[9]，对世宗制订的礼仪表示赞同。蒋氏到通州之后，与世宗内外联合，表示如果不确定兴献王的名号，就不进入京城。"帝闻之,涕泗不止,启慈寿皇太后,愿避位奉母归,群臣惶惧。"[10]

到了十月,双方仍然僵持不下,世宗放下皇帝的身份,从孝敬父母的角度向内阁求情:"朕受祖宗鸿业,为天下君长,父兴献王独生朕一人,既不得承绪,又不得徽称,朕于罔极之恩,何由得安!始终劳卿等委曲折中,俾朕得申孝情。"[11]对于世宗发自肺腑的恳请,杨廷和众人仍然严词拒绝,指出谨守宗法制度,才能维护朝廷纲常:"窃念大礼关系万世纲常,四方观听,议之不可不详,必上顺天理,下合人情。祖宗列圣之心安,则皇上之心始安矣。"[12]而张璁再次上《大礼或问》,支持世宗。对于杨廷和众人的反对意见,世宗采取了"留中"的方式,表示出冷战、僵持的立场。杨廷和见势不得已,于是顺从了世宗母子的主张,尊世宗父母为兴献帝、兴献后。但敕书是以张太后的名义发出,而非官僚集团的廷议名义,以表明此举并非朝廷的立场,只是后宫一时的权宜之计。

势同水火的君臣

看到张璁的议礼主张逐渐获得世宗的采纳,不少官员开始站在张璁的一边。兵部主事霍韬、同知马时中、国子监生何渊、巡检房㵆、礼科右给事中熊浃等人都纷纷上疏支持世宗。但杨廷和将这些官员纷纷贬黜，驱逐出朝，张璁便被任命为南京刑部主事。

十二月，世宗进一步主张在兴献"帝""后"二字前，加"皇"字。杨廷和等人认为如果加"皇"字，世宗亲生父母便和孝宗夫妇处于同等地位，完全违背了宗法制度中的大宗、小宗观念，"是忘所后而重本生，任私恩而弃大义"[13]。杨廷和率领群臣，请求罢官辞归，以此要挟世宗。世宗无奈之下，加以折中，在嘉靖元年（1522）正月，称孝宗为皇考，张太后为圣母，亲生父母为"本生父母"，从而既表明了继孝宗之嗣，又仍然保留了本支世系。

当月，湖广巡抚席书、吏部员外郎方献夫分别上疏，指出世宗应是继统而不继嗣，认为"礼本人情"，应该改尊孝宗为皇伯，而尊兴献帝为皇考，在宫中别立一庙，加以祭祀，这样能够兼顾"尊尊亲亲，并行不悖"[14]。杨廷和隐藏了这两份奏疏，并未送至世宗那里。三月，世宗正式为生父上封号，在《兴献帝册文》中，世宗本来想自称"子"，杨廷和不同意，世宗又提出称"孝子"，杨廷和仍然不同意，指出应称"长子""本生"。世宗接受了这一方案。

嘉靖二年（1523），围绕安陆兴献帝陵寝祭祀礼仪，双方再起争执。杨廷和众人认为太庙用八佾，兴献帝祭礼应该减杀，"正统本生，义宜有间"[15]。但这一提议被世宗拒绝。因此，虽然兴献帝尚未被称为"皇帝"，但在祭祀规格上，已经与历代诸帝一致。

十一月，南京刑部主事桂萼上疏，并连同席书、方献夫奏疏的草稿，一同上呈世宗。在这道奏疏中，桂萼全面批判了杨廷和的主张，从孝道出发，指出孝宗有子，不应过继他人之子，故而世宗不应继孝宗之嗣；武宗遗诏传位于世宗，不应隔过武宗而直接追溯孝宗，故而世宗应继武宗之统；因此，世宗应改称孝宗为皇伯考、兴献帝为皇考，在宫中为兴献帝立庙祭祀。世宗接到这份奏疏之后，命群臣再次廷议。

嘉靖三年（1524）正月，杨廷和鉴于世宗如果尊亲生父亲为皇考，将意味着自己一直以来的继嗣主张被完全否定，于是致仕回乡。但杨廷和的离朝并未使文官集团反对世宗的声音平息。吏部尚书乔宇率文官集团上疏，继续反对世宗的主张，指出："必以孝宗为考，而后大宗为不绝。"[16]三月，世宗尊亲生父母为"本生皇考恭穆献皇帝""本生母章圣皇太后"，并在宫中立庙，祭祀生父。对此，吏部尚书汪俊表示反对："皇上入奉大宗，不得祭小宗。为本生父立庙大内，从古所无。"[17]世宗并不接受这一建议，罢免了汪俊。阁臣蒋冕拒绝按世宗的意愿拟写册文，同被罢免。为彻底平息反对，世宗又下令逮捕、罢黜众多文官。与此同时，世宗开始重用赞同自己主张的官员，将张璁、桂萼、席书、霍韬、方献夫召入京中任职，"大礼议"进入白热化阶段。反对世宗的一派，开始群情激愤，甚至打算仿照"土木之变"后，文官集团捶杀马顺故事，捶击张璁、桂萼。二人躲到武定侯郭勋家中，才逃过一劫。[18]

文官群体因世宗一意孤行要改称孝宗为皇伯考，采取了集体谏阻的方式。杨廷和的儿子杨慎说："国家养士百五十年，仗节死义，正在今日。"七月十四日，两百多名文官于是在左顺门外集体哭谏，"一时群臣皆哭，声震阙廷"。[19]世宗十分恼怒，将220人下于锦衣卫狱中，处之以罚俸、杖责、流放等刑罚，有17人被杖责而死。九月，世宗改称孝宗为皇伯考，正式宣称其是继武宗之统，而非继孝宗之嗣。

嘉靖四年（1525）四月，光禄寺丞何渊进一步奏请将兴献皇帝供奉于太庙。由于世宗之父并未真正做过皇帝，其皇帝之号只是世宗加以追崇的结果，世宗此举甚至连张璁、桂萼都表示反对。嘉靖七年（1528）六月，作为"大礼议"的盖棺论定之书，《明伦大典》编纂成书。该书全面记录了"大礼议"的过程，对议礼反对派——主张继嗣的官员群体——进行了集体定性，剥夺了众臣的官职，宣告了世宗的最终胜利。嘉靖十七年（1538），世宗最终将兴献皇帝入奉太庙，庙号为睿宗。至此，"大礼议"最终尘埃落定。

"墨菲定律"

"大礼议"不仅席卷了嘉靖初年的朝廷政局，而且山野之中的士大夫也有很多涉入其中。赞同世宗者用人情解释宗法，所依据的正是当时十分盛行的"王学"思想。方献夫、席书、霍韬、桂萼、张璁本身便是王阳明弟子、好友或其思想认同者。王阳明本人虽然并未参与"大礼议"，但对弟子、朋友的议礼行为，其实持赞同立场。因此，"大礼议"不仅是一场世宗君臣与正德旧人的政治斗争，还是阳明心学与程朱理学的一次正面交锋。

王阳明之所以支持朋友、门生的议礼行为，不仅与他的学说主张有关，而且源于他与杨廷和具有不同的政治立场。正德时期，王阳明之所以能够担任汀赣提督，平灭朱宸濠叛乱，是由于吏部尚书王琼的支持。与杨廷和凭借东宫旧僚的身份，便可以平步青云不同，王琼作为六部官员，先后结交宦官和武宗佞幸群体，才得以出任兵部尚书、吏部尚书，从而有机会施展自己的才华。正德时期，杨廷和与王琼在不同的政治立场下，围绕中枢权力，形成了长期对立和斗争。武宗去世以后，杨廷和与王琼再次围绕中枢权力，发生过一次正面冲突。在张太后的支持下，杨廷和最终将王琼驱逐出朝，充军发配。与王琼关系较好的王阳明，自然在政治立场上与杨廷和相左。

与王阳明相比，同样居于乡间的杨一清，在"大礼议"中表现得更为积极。与王琼一样，杨一清在正德时期，作为六部官员，长期受到杨廷和的压制。嘉靖初年，杨一清赋闲于乡中，但十分关心议礼进程。他对于杨廷和等人的主张颇不以为然，"惊曰：

'奚至是哉！'"而他对于张璁的观点十分赞成："及见臣璁所著《或问》，喜曰：'天地间自有公是，不可易也。'"[20]杨一清还亲自写信给他的弟子，当时的吏部尚书乔宇，说道："张生此论，圣人复起不能易也。"[21]席书《大礼考议》上达朝廷之后，世宗非常重视，召见席书。但此时朝中官员对席书十分痛恨，席书对是否应诏赴京心有疑虑。杨一清"劝席书早赴召，以定大议"。[22]

与卷入"大礼议"的在朝诸人不同，王阳明、杨一清由于居于乡野，置身事外，能够相对客观地审视这场政治斗争。他们关注的核心和焦点，并非议礼本身，而是"大礼议"所可能导致的政治斗争，乃至官僚集团的分裂。正德时期，由于武宗荒怠朝政，政局动荡不安，明朝逐渐危机四伏，不仅爆发了农民战争，而且还发生了两次宗室叛乱。有鉴于此，当时的有识之士，对于明朝未来的走向十分担忧。王阳明对于"大礼议"便抱着一种十分蔑视的态度，认为这是一场无谓的纷争，明朝上下真正应该做的是清除弊政，引导政权朝向正确的方向发展。

与王阳明相似，杨一清担心"大礼议"会造成官僚集团的分裂。他在给乔宇的书信中，曾经如此规劝："人臣进言，当体太《易》纳约自牖之训，无世俗徇之见；以伉直为贤，恐激衣冠之祸。"[23]平心而论，杨廷和等人恪守宗法制度，依托程朱理学，主张士大夫集团对皇权进行约束，从而构建起相对平衡的政治生态，虽具有很强的政治正义感和责任感，但他们墨守成规，并未

十一 "大礼议"中的君臣角力

根据时势，灵活变通，最终激化了君臣之间的冲突，使得明朝政局出现巨大动荡。而世宗君臣从人情出发，虽颇值得同情，但张璁等人实有干进之心，世宗对于议礼反对派打击又过于酷烈。可见，世宗君臣与正德旧人的"大礼议"之争，无论孰是孰非，都造成了明朝政权内部的党同伐异和分裂。经过"大礼议"事件，世宗十分注重掌控皇权，有意维持文官集团内部的制衡状态，以便操控；而文官集团也不复之前激浊扬清的政治风气，而是臣服于皇权之下，展开激烈的内部斗争。嘉靖时期阁臣之间的内部斗争、内阁与六部之间的斗争愈演愈烈，逐渐开启了明后期的"党争"风气。

受到"大礼议"严重冲击和伤害的明朝政权，也面临着外界越来越多的挑战。嘉靖时期，明朝的边疆遭到诸多威胁。蒙古在北部边疆对明朝构成了全面威胁，嘉靖二十九年（1550），发生了俺答包围北京的"庚戌之变"。为了阻止土鲁番东进，明朝不得已关闭了嘉峪关。嘉靖三十一年（1552），伴随"大航海时代"的脚步，耶稣会士沙勿略登上了广州的上川岛，成为第一名进入中国的传教士。嘉靖三十六年（1557），葡萄牙人开始在澳门建起房屋，开启对澳门数百年的占领。而这段时期，"倭寇"肆虐于明朝海疆，明朝为此厉行"海禁"，这与西欧日益兴旺的海上探索，形成了鲜明的对比。

"大礼议"事件再次印证了"墨菲定律"的神奇：如果事情

有变坏的可能，不管这种可能性有多小，它总会发生。"大礼议"本来可以有多种方式更好地解决，但最终还是走向了最坏的地步。"大礼议"事件后，明朝也开始走向内外交困的历史境地。

十二
"倭寇"与"板升"

走向远方的明人
"南倭"与海商
"北虏"与"板升"
内敛的明代中国

走向远方的明人

蒙古帝国瓦解后，亚欧大陆各文明兴起扩张潮流，无论国家还是民众，都不断走向远方。与其他文明不同，明代中国在对外取向上呈现国家与社会分离的历史态势。在商品经济逐渐发达的趋势下，以及南宋以来远洋贸易的历史传统下，明代中国民间社会一直具有自发地、积极地扬帆南洋，甚至远洋航行的内在驱动力。但与这一时期基督教文明、俄罗斯文明、伊斯兰文明国家大力支持民间类似行为的做法不同，明朝在拥有堪称当时世界上强大的军事、经济实力的情况下，对西北陆疆开拓和东南海疆经略缺乏兴趣，并且禁止民众出境贸易。其表现有二，其一是在东部沿海实行"海禁"政策，其二是在北部边疆修筑长城，在防御蒙古骑兵南下的同时，也防止汉人潜逃至蒙古草原。

这种边禁政策虽然在明前中期产生了很大影响，但仍有不少民众开展境外走私贸易，不仅东南沿海民众不断"下南洋"，而且北方汉人也不断越过长城，与蒙古部落开展走私贸易，或者干脆归附蒙古部落,成为"蒙古人"。明前中期,前来向明朝朝贡的周边政权或族群的使团之中,大量充斥着汉人的身影,汉人普遍担任翻译,甚至直接充任使者。而蒙古各部南下明境,也多有汉人充当向导。

正德时期,由于明武宗荒废政务,喜爱游玩,明朝统治受到一定的削弱。不仅宗室内部先后出现安化王叛乱、宁王叛乱;而且民众开始掀起农民战争,比如杨虎、刘惠、赵燧起义,刘六、刘七起义。同时汉人向外逸出的现象更加频繁和普遍。嘉靖时期,这一潮流进一步加剧,东南民众大量潜入东亚海域,为掩人耳目,他们往往借用元明时期一直活跃于东亚海域的日本武士的"倭寇"身份;北方汉人则大规模潜逃至长城以外,种田盖屋,开始形成规模庞大的定居农业社会,被蒙古人称为"板升"。

"南倭"与海商

"倭"是自西汉以来中国对日本的称谓。12世纪末,日本进入幕府执政时期,不同政治势力之间不断发生战争,大量武士脱离国家的管束,进入东亚海域,以劫掠商船、骚扰中国东部沿海为生,被元明时代的中国人称为"倭寇"。明朝开国初期,"倭寇"曾对辽东半岛发动过几次进攻,辽东镇防御的对象之一,便是东北亚地区的"倭寇"。此后,"倭寇"虽然不时有进攻东部沿海之举,但为祸并不甚大。

嘉靖时期,伴随中国东南沿海的海商加入"倭寇"的行列,"倭寇"势力飞速发展,而其领袖也一直由中国海商担任,由此可以看出"倭寇"实以中国人为主。东南海商之所以加入"倭寇",源于在全球经济一体化的驱动之下,为发展海外贸易,需要突破明朝的"海禁"政策,从而采取了武装化的方式。

嘉靖中期,距离哥伦布发现新大陆已过半个世纪,西欧商人借助新航路的开辟,不断用从美洲掠夺的白银与其他国家的商人进行经济贸易。明代中国作为当时世界上最发达的国家,由于经济体量的大幅增长,急需大量白银充当货币。这一时期东西方社会形成规模巨大、交流密切的贸易体系,属于早期经济全球化的重要组成部分。但对于这一国际形势变迁,明朝仍局限于传统视野之中,并未改变原有的"海禁"政策,仍对民间海外贸易采取打压态度。

在这一时代背景下,东南海商遂将海外贸易的据点转向明朝管辖区之外,利用所掌握的经济力量,不断开辟岛屿,用作与葡萄牙、日本海商开展跨国贸易的据点。为对抗明朝官方的缉捕,东南海商建立起武装组织,并招诱日本各岛武士,进攻明朝东南沿海,从而加入"倭寇"的行列之中。

在诸多岛屿之中,位于今浙江舟山市的双屿港是东南海商走私贸易的中心据点,也是当时亚洲地区规模最大的商贸港口,被有些学者称为"16世纪的上海"。但双屿港的命运,在嘉靖二十七年（1548）发生了巨大改变，奉命平倭的浙江巡抚朱纨攻破了双屿港，擒获了东南海商的头目许栋，用木石堵塞双屿港周边海域，经此一役，双屿港在繁华的顶端骤然失去往日的光彩，彻底荒废。

许栋被杀后，属下徽州歙县人汪直统领余众，盘踞五岛，与徐海等人联合日本各岛，"诱倭入犯，倭大获利，各岛由此日至"[1]，进攻东南沿海，汪直被徐海等"倭寇"称为"老船主"。

在内阁首辅严嵩的党羽赵文华举荐之下，明世宗派胡宗宪总督南直隶、浙江等处军务，剿除"倭寇"。胡宗宪是徽州绩溪人，与汪直是同乡，他打算凭借同乡之谊招降汪直，为此释放了汪直的母亲和妻子。对于胡宗宪的招降，汪直十分心动，派遣义子汪滶到军中表白心迹。汪滶不仅协助胡宗宪进攻"倭寇"，而且将徐海等人的行迹告知胡宗宪，从而使明军三战三捷。徐海在胡宗宪招抚之下，擒获"倭寇"头领陈东、麻叶前来归降，最终却遭到陈东余党的进攻，投海而死。俞大猷用兵灭倭残众，胡宗宪由此平定了浙江倭乱。

平定浙江倭乱之后，在胡宗宪多次招降之下，汪直也前来归附。朝臣多主张处死汪直，胡宗宪只能屈从于政治舆论。汪滶等人愤恨之下，迁徙于柯梅岛，造大型战船，转而向南进攻福建、广东，甚至进入江西，一时间东南沿海等地处处遭到攻击。而胡宗宪也在严嵩被扳倒之后下狱而死。

在抗击"倭寇"的过程中，涌现出了戚继光、俞大猷等著名将领。戚继光见明军废弛已久，多不能战，于是仿照长城沿线召募"土兵"的方法，自己招募士兵。听闻义乌人驱逐外地人私开银矿的消息后，戚继光认为当地民风彪悍，于是到此地招募士兵，结合东南沿海湖泊众多的地形，进行有针对性的训练，从而形成战斗力十分强悍的"戚家军"。戚继光、俞大猷在浙江、福建取得了多次胜利，"倭患"逐渐平息。

明世宗去世后，裕王朱载垕继位，是为明穆宗。穆宗在东宫时，并不为世宗所喜，父子之间有很深的矛盾，因此，穆宗即位之后，对嘉靖时期的政策多有变革。隆庆元年（1567），福建巡抚涂泽民上奏，请求"开市舶，易私贩而为公贩"，主张开放"海禁"。穆宗接受了这一建议。东南海商取得海外贸易的合法地位之后，便放弃了军事武装，"倭寇"由此逐渐绝迹，取而代之的是繁盛的海上贸易，"大盗不作，而海宇宴如"。[2]

"北虏"与"板升"

在东南沿海民众冲破一切阻挠，扬帆远洋的同时，北方边疆民众也不断逃入蒙古草原。"倭寇"一词充满贬义，但其中的华人并不主要是为了挑战明朝统治秩序，而是为了追求经济利益；

而进入草原的汉人,虽然被客观地称为"板升",但除了为保障生存,确实还有挑战明朝统治秩序的政治追求。明前中期,蒙古高原便已有大量汉人,有的是被掠夺过来的,有的是主动到草原上来的。正德时期,韦州长城边上的一段插曲,便生动刻画了逃入草原的汉人的价值观念:当时陕西三边总制王琼命宁夏镇将粮食运往甘肃镇,边墙之外的蒙古部落听到边墙以内有不断运输的声音,便派遣部众前来侦察,其中一名部众在与明军的对话中,自陈本来是宁夏镇韦州人,只是因为"韦州难过,草地自在好过",才脱离明朝,北入草原。[3]

这名进入草原的汉人,之所以说"韦州难过,草地自在好过",是由于北方边疆长期处于明朝与蒙古交战的状态,底层民众不仅遭受兵乱之苦,而且还要承担非常沉重的赋役,生活十分困难。加入蒙古之后,他们却可以跟随蒙古人一起抢掠,生活境遇发生了很大变化。这是大部分汉人主动进入草原的主要原因。

嘉靖时期,俺答汗统一了蒙古大部分地区,对明朝北部边疆形成全面压制之势,不断进攻明朝边境,北方社会动荡不安。大量汉人被掳掠或主动投奔俺答汗,从而在俺答汗盘踞的丰州川(今内蒙古土默川)以南、山西长城以北之地,种田盖屋。"明嘉靖初,中国叛人逃出边者,升板筑墙,盖屋以居,乃呼为'板升'。"这些人之所以被称为"板升",是因为在蒙古语中,"板升"意为房屋或城。"板升"人数众多,"有众十余万,南至边墙,北至青山,东至威宁海,西至黄河岸,南北四百里,东西千余里,一望平川,无山陂溪涧之险",形成庞大的定居社会,"耕种市廛,花柳蔬圃,与中国无异,各部长分统之"。[4]"板升"将农业经济推广到了蒙古草原,促使当地经济方式从单一的游牧经济,转变为农牧结合的复合经济,推动了明清时期蒙古高原的经济转型。

"板升"中,大多数人是为了谋求生存,但也有少部分人意图凭借蒙古势力,实现自身政治愿望。其中白莲教教徒充当了主体力量。元末,朱元璋虽加入了宣扬白莲教的红军,但开国之后,鉴于这一民间宗教宣扬弥勒拯世等观念,具有强烈的颠覆现存秩序的价值取向,于是朱元璋宣布禁止白莲教的传播。但唐、宋以来,白莲教已在中原地区广泛传播,具有十分深厚的土壤,难以根绝。在官府的打压之下,北方地区许多白莲教教徒都产生了颠覆明朝的政治观念。而蒙古作为明朝的敌对政权,则成为北方白莲教教徒起事的幻想盟友。

嘉靖时期,在连绵战争造成社会动荡的背景下,北方地区的白莲教教徒开始更为积极地与蒙古结成政治联盟,不仅有"蔚州妖人阎浩等素以白莲教惑众,出入漠北,泄边情为患"[5],还有以吕明镇为首的白莲教教徒,在大同左卫(今山西左云县)意图叛乱。叛乱被人告发之后,徒众逃遁至蒙古草原,加入俺答汗军队之中。

白莲教教徒在俺答汗军队中势力不断壮大,负责统辖、管理"板升"群体。其中赵全统辖部众最多,所居之地被称为"大板升"。据赵全自称,其所统部众有一万余名,而当时大同镇巡抚方逢时记载赵全统辖三万余名部众。仅次于赵全的李自馨和周元,所领部众有数千人。由于势力较大,赵全和李自馨被俺答汗"俱加为酋长"[6]。赵全又被称为"倘不郎",即蒙语"驸马"之意;李自馨、周元又被称作"必邪气",即蒙语"秀才"之意。其他板升规模较小,"余各千人"。"小板升"有32处,由32名小头目分别管理。"板升"不仅加入到蒙古军队之中,为蒙古进攻明朝积极出谋划策,"每大举进寇,俺达[答]必先至板升,于全家置酒大会,计定而后进"[7];而且他们还"以白莲教妖术诱虏,导之入寇",并为蒙古人贡献破解明军防御之术,"教以制钩杆、攻城堡之法",推动蒙古军队战法进一步丰富,"中国甚被其害"。[8]

嘉靖十六年(1537),山西巡抚韩邦奇便发现蒙古作战方式与之前有所不同:

> 臣等载观近日敌之入来,深谋秘计,与昔不同。向也无甲胄,今则明盔明甲,势甚剽疾矣;向也短于下马,不敢攻圪城堡,今则整备锹钁,攻圪城堡矣;向也不知我之虚实夷险,虽或深入不敢久留,今则从容久掠,按辔而归矣;向也群聚而入,群聚而出,忽若飘风,今则大举,决于一处,分掠各边,使不暇应援矣;向也兵无纪律,乌合而来,星散而

去，今则部伍严整，旗帜号令分明矣；向也不焚庐舍，今则放火焚烧矣。

在他看来，这一变化源于大量明人，甚至明军逃入草原，将明军防御的底细透露给了蒙古：

其故何哉？有中国之人为之谋划，有中国之人为之向导，有中国之人为之奸细，有中国之人遗易之以铁器。况事变之时，投入敌中者，又皆惯战有勇之人也。[9]

而在草原政治生活中，"板升"竭力推广汉人政治体制，促进蒙古社会汉化。嘉靖后期，俺答汗已自立为蒙古可汗，"板升"集团又进一步鼓动其模仿汉制，登基称帝，国号为"金"。[10] 李漪云认为俺答汗在赵全等人支持下，以丰州川为中心，东起蓟辽边外，与兀良哈三卫、察哈尔部接界，西至甘肃边外，南至长城，北至漠北与喀尔喀蒙古接界，在广大漠南地区建立了一个独立的、具有汉式统治体制的"金国"政权，并以赵全为"把都儿汗"，命其以"汗"的名义建开化府，统治"板升"汉人。[11]

"板升"集团不仅拥立俺答汗称帝，而且建议其攻占、统治长城边疆，模仿五代时期石晋故事，建立与明朝平分秋色的政权，并提出数个方案，或是"分遣各房攻取大同、宣府、蓟州一带"[12]，或是"自此塞雁门,据云中,侵上谷,逼居庸,朵颜居云中,而全据太原,效石晋故事"[13],而最终目的则是"与南朝平分天下"[14]。胡钟达认为赵全等人此举,意在造成一个新的"南北朝"的局面。[15]

内敛的明代中国

在世界近代史开启之初,在亚欧大陆其他主要文明采取积极扩张的同时,明朝采取了内敛的疆域政策,官方未有开拓边疆的举动,甚至禁止民间开展海外贸易,从而与"大航海时代"以后的全球早期经济一体化进程背道而驰。大量东南海商为反抗明朝官方的封锁,联合日本武士采取了武装化措施,从而酿成明后期尤其是嘉靖时期东南沿海的严重"倭患"。而在北方边疆,明朝采取的相对保守的长城防御政策,使北方地区长期处于战乱和动荡之中,大量民众或者为了谋求生存,或者为了实现政治目的,逃到长城以外的草原地区,一方面推动了蒙古高原的经济转型,另一方面加剧了明蒙之间的军事战争。

可见,在世界近代历史的潮流下,与明朝政权的内敛和保守不同,民间长期具有朝外走的内在驱动力,远方对于他们不仅有充满诱惑的利益,而且也有能让他们摆脱束缚的政治空间。在明朝民众的积极拼搏中,明代中国处于全球经济早期一体化的核心位置，是推动世界经济发展的发动机。但值得注意的是，明朝的这一经济优势并未被政权纳入政治视野之中，明朝朝廷一直实行传统的农业财政政策，不仅未将海外贸易的收入用于疆域开拓，导致长城边疆的财政危机一直未能缓解，而且越来越重；官方对于海外贸易本身也采取打击政策，引发"倭患"，形成了前所未有的海防问题。简单地说，如果说明朝有两只脚，经济的一只脚走在了世界的前列，而政治的另一只脚却远远地拖在了后面，明朝在经济、社会发展至顶峰时，政权却完成了自由落体式的迅速崩溃。

明代中国的历史命运，反映出在古代世界决定历史发展的核心因素是军事和政治，而非经济和科技。马克思在工业革命如火如荼的年代，强调经济基础对于上层建筑的决定作用，强调生产方式在社会发展中的决定力量。但在冷兵器时代，战争所需的财政成本远低于热兵器时代，以少胜多、以弱胜强是世界古代军事史上的普遍现象。而在资本主义尚未出现的古代社会，经济资源能够在多大程度上进入国家财政体系，并在政治领域中拥有话语权，是一个不容忽视的问题。一场战争的胜负、一项政策的实行，足以改变历史进程。明代中国虽身处全球经济早期一体化潮流之中，但政治观念仍在传统的藩篱之中，依旧用传统的军事方式处理边疆问题，最终灭亡于作为军事重心的长城边疆的军民起事，实属情理之中。

十三
不上朝的皇帝

一代贤后
内阁的巅峰
神宗的报复
"国本"之争
"万历五大征"

一代贤后

嘉靖四十五年（1566），明世宗逝世，裕王登基为帝，是为明穆宗。明穆宗在位六年后去世，年龄尚不到9岁的朱翊钧荣登大宝，是为明神宗，是年为隆庆六年（1572）。

这是明朝历史上第二次出现幼主执政的情况。之前英宗8岁即位，朝中大事依靠其祖母张太皇太后主持。而此时，神宗之母李氏自然也要同当年张太皇太后一样，掌控政局。

李氏本是北直隶顺天府漷县（今北京市通州区漷县镇）一个普通的民家女子，其父李伟是个瓦匠。传说李伟曾梦到有一"五色彩辇"，在"旌幢鼓吹"的引导之下进入他家，之后李氏便出生了。[1]后来，李伟一家为躲避战乱，迁入京城，而李氏也因此获得了机会，被选入当时还是裕王的穆宗府邸做侍女。李氏进入裕王府后，获得了裕王的喜爱，就此改变了命运。李氏被封为王妃，并为裕王生下一子，而这个孩子正是日后的明神宗朱翊钧。

神宗即位后，李氏本应成为太后。但是，李氏之前只是贵妃而非皇后，依照礼制，"天子立，尊皇后为皇太后，若有生母称太后者，则加徽号以别之"[2]。因此，穆宗皇后陈氏和李氏被并尊为太后。陈氏徽号为"仁圣皇太后"，李氏徽号为"慈圣皇太后"。

从地位上看，李太后和陈太后没有区别，不过李太后是神宗生母，实际上在后宫中的权势要更大一些。但李太后为人谦逊守礼，一直与陈太后相处融洽。在李太后的影响下，神宗还是太子时，每天早上在奉先殿拜见穆宗和李氏之后，也一定会去向陈氏问安，即位后"孝事两宫无间"。[3]

李太后谦逊的性格还体现在对待自己的家人方面，"家人尝有过，命中使出数之，而抵其家人于法"。对自己儿子的教育，则更加严格。年幼的皇帝贪玩，便会被李太后责令长时间跪地。一次，神宗要求一个太监唱曲，但太监不会，神宗就抽剑刺之，最后还恶作剧似的将太监的头发割掉。李太后听闻此事，大怒，责令神宗写罪己诏，并"召帝长跪，数其过"，神宗"涕泣请改乃已"。[4]

除了平日对神宗进行教导，李太后也意识到，必须有人辅佐年幼的皇帝执政。明朝祖训禁止后宫干政，之前英宗时，张太皇太后面对群臣的请求，也以不合祖制为由，拒绝垂帘听政。因此，李太后必须寻求朝中的贤臣来辅佐神宗。

于是，李太后便命司礼监太监冯保负责处理宫中事务，内阁首辅张居正管理国家大事，自己辅导神宗，居中制衡。历史上著名的张居正改革，便是在李太后的坚定支持下，得以顺利开展的。只是由于她恪守本分，始终站在历史的幕后，随着历史大幕的卸去，她的身影也逐渐模糊，她的历史功绩一直鲜为人知。

同样与英宗时的政局相似，张太皇太后命"三杨"辅政，促进了内阁权势的崛起；李太后任用张居正辅政，也大大强化了内阁的地位，甚至远超"三杨"时代，张居正内阁成为明代历史上最具权势的内阁。

内阁的巅峰

受到李太后的委托，张居正全方位掌控朝政。他秉承李太后的旨意，严格教育神宗，想把他培养成一代明君；同时，张居正志向远大，"慨然以天下为己任"，全方位推动各项改革，以挽救日渐颓败的国势。

神宗年幼登基，一度需要李太后在乾清宫中陪伴、照顾。随着神宗逐渐长大，按照规制，李太后需要搬到慈宁宫居住。在离开乾清宫之后，李太后特意拜托张居正道："我不能视皇帝朝夕，恐不若前者之向学、勤政，有累先帝托付。先生有师保之责，与诸臣异。其为我朝夕纳诲，以辅台德，用终先帝凭几之谊。"[5]

受此重托，张居正督导神宗十分严格，经筵日讲风雨无阻。有一次，讲官传授《论语》，神宗将"色，勃如也"中的"勃"，读成了"悖"，张居正生气地喊道："当作'勃'字！"神宗"为之悚然而惊，同列相顾失色"。[6]在经筵日讲中，除了常规教材，张居正还将历代关系治乱兴衰的重大典故编纂成册，并绘制配图，名之《帝鉴图说》；并命讲官将明朝历代皇帝治国言论、政治举措分为40大类，一起作为经筵日讲的教材，从而在让神宗了解儒家治国原则的同时，对于国家的具体治理有切实的了解。张居正对于神宗的管教，并不限于经筵日讲，他还恢复了起居注制度，命人朝夕跟随神宗，记录下来他的一言一行，从而时刻保持对神宗的监督。

明朝晚期的中国，陷入内外交困的历史境地。在内部，愈演愈烈的政治斗争逐渐侵蚀、瓦解了政治体系；在外部，"南倭北虏"对明朝统治构成了严重的威胁。为解决"南倭北虏"问题，在阁臣高拱、张居正主持之下，明朝在东南沿海开放"海禁"，在北部边疆与俺答汗达成"隆庆和议"，从而大体解决了"倭寇"与蒙古造成的边疆威胁。为了挽救江河日下的明朝国势，万历初年，张居正延续了隆庆时期的改革脉络，在政治、经济、军事、文化领域全面推行改革，史称"张居正改革"。

在政治上，张居正鉴于官场日渐懈怠萎靡，主张恢复明初的威权政治。他曾向神宗说道："高皇帝得圣之威者也。世宗能识其意，是以高卧法宫之中，朝委裘而不乱。今上，世宗孙也，奈何不法祖！"[7]张居正采取"考成法"，由内阁考核六科，六科考核六部，六部、都察院考核天下官员，通过这种方式，张居正在相当程度上实现了内阁对于官僚集团空前地监督和控制，将内阁权势推至历史的巅峰，改善了官场长期积累的颓败风气，有效地提升了行政效率。"居正为政，以尊主权、课吏职、信赏罚、一号令为主。虽万里外，朝下而夕奉行。"[8]

在经济上，嘉靖以来东南地区在赋役征发中就有将众多名目的赋税逐渐归并、折银的做法，张居正将这种做法进一步完善并推广至全国，形成所谓的"一条鞭法"。"凡额办、派办、京库岁需与存留、供亿诸费，以及土贡方物，悉并为一条，皆计亩征银，折办于官，故谓之一条鞭。"[9]为配合"一条鞭法"的实施，张居正又命全国清丈土地，收回了大量被各种势力侵占的土地。通过这两项措施，明朝扩大了财政收入。

在军事上，张居正一方面进一步巩固与蒙古的"和议"局面，推动明蒙之间的经济交流；另一方面，张居正仍然积极加强边备建设，预防未来战争的发生，他尤其重用戚继光，命戚继光全权负责蓟镇防务，在北京外围构建起严密的长城防御体系。

在文化上，张居正鉴于"王学"兴起以后，全国范围内兴起了讲学热潮，从而主张加强对思想舆论的管控，借助《皇明祖训》中禁止生员议政的规定，严禁生员在野"清议"，并拆毁士人私自建立的书院。

张居正改革取得了巨大成效，使逐渐没落的庞大帝国再次恢复了元气。对此，《明史纪事本末》如是评价：

> 十年来海内肃清。用李成梁、戚继光，委以北边，攘地千里，荒外詟服。南蛮累世负固者，次第遣将削平之。力筹富国，太仓粟可支十年，冏寺积金，至四百余万。成君德，抑近幸，严考成，核名实，清邮传，核地亩，一时治绩炳然。[10]

神宗的报复

李太后搬离慈宁宫之后，命宦官冯保负责照顾神宗的饮食起居，每当神宗做出不合规范的举动时，冯保便将之汇报给李太后和张居正。张居正作为帝师，按照儒家规范对神宗严格要求。李太后知道神宗对张居正心存畏惧，经常告诫神宗应注意行为，否则"使张先生闻，奈何！"

张居正对神宗的严厉约束，引起了神宗的逆反心理。"帝甚惮居正，及帝渐长，心厌之。"[11]神宗派遣司礼监太监张诚，私下侦查张居正和冯保。张居正死后，神宗已经收回权力，张诚密告神宗，说张居正与冯保内外交结，获取了巨额金银。神宗于是没收了冯保的财产，并将他发至南京。看到政治风向有所变化，开始有官员弹劾张居正，神宗命令张诚查抄张居正家产。张诚将张居正的子女锁到一个空房间之中，多日之后再打开，已经有十多人饿死了。[12]张居正的长子张敬修，由于不堪拷打，诬服自尽。在官僚集团的建议之下，神宗下令剥夺张居正一切官职，但并未接受剖棺戮尸的建议。

为万历朝政做出巨大贡献的张居正，最终落至如此下场。而终万历一朝，也未有官员为他鸣冤叫屈。之所以如此，不仅是由于官员慑服于神宗的意志，而且也源于官僚集团在张居正当政之时，受到了他所主张的威权政治的压制，心中都对张居正有所怨恨。即使内阁中人，在万历初年也形同张居正的僚属，多有被排挤出京者，对他同样有所不满。张居正的结局，其实也是历史上改革家的普遍归宿。由于改革是动人利益的事情，改革者主政之时虽然十分风光，但丧失权力之后，难免遭受围攻。

伴随张居正遭到清算，他的新政措施大多被废除。但即使如此，"张居正改革"仍然为万历朝廷积累了充足的财富，为万历政权解决此后遭遇的边疆危机，奠定了经济基础。

张居正死后，神宗掌控了朝廷政局，最初颇勤政有为。但万历十四年（1586）发端的"争国本"事件，将神宗推向了文官集团的对立面，长期的政治纷争消磨了神宗的政治热情，使他逐渐懒于理会朝政，形成多年不上朝的习惯。

"国本"之争

神宗非常偶然地临幸了慈宁宫一名王姓宫女，王氏生下了神宗的长子，也就是后来的明光宗朱常洛。但最初神宗碍于身份，羞于承认此事。而当负责内起居注的宦官拿出当时的记录时，神宗无言以对，但心中仍然不愿意承认此事。神宗之所以有此态度，一方面认为和母亲的宫女生子不光彩，另一方面是他十分宠爱郑贵妃，想立郑贵妃的儿子为太子。

万历十四年（1586），郑贵妃生下皇三子，被册立为贵妃。与之相比，王氏虽然生皇长子四年，却一直是恭妃。文官集团察觉到神宗有废长立幼的心思，认为这不符合宗法制度，于是开始上疏，请求册立太子。由于太子作为储君，关系国之根本，因此明人将这一事件称作"争国本"。

对于文官群体的主张，神宗不断寻找借口，一再拖延，面对文官集团的集体进谏，甚至责以廷杖。万历二十一年（1593），在政治舆论的压力之下，神宗发明出了"三王并封"的迂回之计，计划将皇长子朱常洛、皇三子朱常洵和皇五子朱常浩一并封王，以后再选择其中的贤者为太子。这一做法仍然违反了宗法制度，再次遭到文官集团的反对。此间，两位阁臣申时行、王锡爵由于依违其间，遭到文官集团的弹劾，先后离朝。

"争国本"事件一直持续到万历二十九年（1601）。这时朱常洛已经19岁。李太后开始干预此事，责问神宗为什么还不立太子。神宗回答："他是宫女的儿子。"李太后大怒，说："你也是宫女的儿子。"神宗十分惶恐，趴在地上不敢起来。[13]朱常洛因此被立为太子，朱常洵被册立为福王。但后者被册立为王之后，迟迟未之国，这对朱常洛的储君之位仍有威胁。直到万历四十二年（1614），福王之国，朱常洛的地位才最终稳固下来。而光宗的生母王氏，长期被锁闭于景阳宫之中，不得与朱常洛相见，悲惨的境遇和对儿子的思念，使她哭瞎了双眼。直到万历三十九年（1611）王氏去世之前，朱常洛才获得见她最后一面的机会。

神宗之所以一直想立朱常洵为太子，是因为和郑贵妃感情深厚。与一般的妃嫔不同，郑贵妃能够像民间夫妇一样，较为平等地与神宗相处，聆听他的倾诉，因此深受神宗宠爱。神宗在心中认为立太子是自己的家事，而文官集团认为立太子是国事，故而强烈反对神宗，使神宗产生逆反心理。神宗在"争国本"的过程中与文官集团长期采取冷战对策，在28年的时间里不上朝，经常不批复奏疏，对于缺官也经常不下令递补。万历初年一度复兴的政治局面，再次陷入废怠。不仅如此，由于在"争国本"过程之中，文官群体立场并不一致，从而导致其内部的分裂，后来被称为"东林党"的政治集团，也多有参加"争国本"者，与站在神宗、郑贵妃一边的文官群体俨然形成一种政治对立，双方之间的矛盾长期延续下来，酿成了晚明党争的政治局面。

"万历五大征"

在万历后期的一片废怠中，明朝的统治逐渐削弱，不仅一向潜藏危机的边疆地区开始出现动荡；而且近代世界的暴风雨，开始催动亚洲秩序发生历史剧变。一场历史的大变局，悄然而来。

万历时期，神宗发动了五次大规模战役，分别是万历十一年（1583）至万历三十四年（1606）的明缅战争、万历二十年（1592）的宁夏之役、万历二十年（1592）至万历二十六年（1598）的朝鲜之役、万历二十七年（1599）至万历二十八年（1600）的播州之役、万历四十七年（1619）的萨尔浒之战。中间三场战役，明军都取得了最终的胜利，因此被明人合称为"万历三大征"。而首末两场战役，以明军的失利而告终，明人并未将之列入征略之中。

宁夏之役、播州之役、萨尔浒之战，是分别发生在明朝西北、西南、东北的三次边疆战争，是中国古代边疆族群趁中原王朝势力衰落之时，发动叛乱的历史重演。而明缅战争、朝鲜之役，则与西欧推动的"大航海时代"密切相关。

明中期以来，西欧借助"大航海时代"所获取的巨额财富，极大地提升了自身的军事力量，不同国家之间的竞争和较量日渐激烈。在这一时代背景下，火枪和火炮技术迅速发展，欧洲火器不仅成为西欧内部争雄的重要支撑，而且开始被西欧商人贩卖到世界其他地区，其中便包括中国及周边各国，比如缅甸、安南和日本。后三个国家借助引入的新式火器，不仅都完成了国家统一，而且积极扩张。缅甸建立了强大的东吁王朝；安南向南吞并了占城，并积极向北扩张，与缅甸一起开始蚕食中国的西南边疆。面对这一局势，明朝在西南边疆采取多种措施，包括武力征伐，虽然最终大体保住了西南边疆，但仍有部分地区被缅甸和安南占据。

在日本，织田信长借助火枪击败了北方大名的骑兵。织田信长死后，丰臣秀吉追随其脚步，最终统一了日本列岛。统一日本之后，丰臣秀吉开始实行扩张政策，制订了以朝鲜为跳板，占领整个中国，从而颠覆以中国为中心的"中华亚洲秩序"的战争计划。万历二十年（1592），丰臣秀吉发动对朝鲜半岛的战争，史称"壬辰倭乱"。由于朝鲜国内长期维持着和平局面，兵不习战，在日本的进攻之下迅速瓦解，朝鲜国王宣祖李昖不得不向明朝求

十三　不上朝的皇帝

救。虽然明朝大多数官员反对援助朝鲜,但神宗出于维护明朝的宗主国权威的考虑,决定出兵朝鲜。从万历二十年(1592)到万历二十六年(1598)历时七年的时间里,明朝先后征调长城沿线、东南沿海、西南边疆数十万精锐士兵,耗费近千万两白银,与朝鲜一起驱逐了日本军队。明朝虽然取得了战争的胜利,但国内的财政危机因此进一步加剧,辽东精锐军队远征朝鲜半岛并大量阵亡,削弱了明朝对辽东地区的控制,为建州女真的崛起提供了历史空间,为萨尔浒之战的失利埋下了伏笔。

可见,万历后期,明朝不仅要面对中国历史上常出现的边疆族群叛乱,而且还开始面对前所未见的来自藩属国的外来压力。中国在亚洲,尤其是东亚、东南亚地区一家独大的局面,面临着严重的历史冲击。中国长期主宰的"中华亚洲秩序",被全球化潮流下的新型国际秩序所冲击,以往相对和平的局面,逐渐被频繁而大规模的战争所取代。悄然之间,一场历史的大变局缓慢开启,一直影响至今。面对这一历史转折,明朝虽然尚能勉力应对,但已不复往日的强势和豪迈。而连番大规模战争所导致的财政危机,从根本上瓦解了明朝的统治根基。《明史》在分析明朝灭亡时,有一句意味深长的评语:

明之亡,实亡于神宗。[14]

十四
"三案"与党争

党派政治
东林党的出现
明末"三案"
赤蛇化身
"对食"客氏
魏忠贤的身后事

党派政治

1679年，被认为是世界近代政党发展史上的重要一年。在这一年，英国召开了一次关于王位继承人的内阁会议。会议成员围绕是否将约克公爵詹姆士立为储君这一问题，形成了两种意见。一派认为詹姆士信仰天主教，不能当信奉新教的英国的储君；另一派维护王朝正统，认为继承人的顺序不能变化。反詹姆士派被对手称为"辉格"，意为"马贼"；亲詹姆士派被对手称为"托利"，意为"不法之徒"。虽然这两个词都是贬义，但后来双方都接受了这种称谓，于是形成了世界政党史上最早的两个党派：辉格党、托利党，两党政治模式由此发端。

在世界历史上，长期维持了最为庞大的官僚集团的中国，也不断出现政治集团的长期斗争，比如东汉的"党锢之祸"、唐代的"牛李党争"、宋代的"新旧党争"、明代的"东林党争"。晚明时期，朝堂之上东林党、齐党、楚党、浙党、昆党、宣党、阉党等政治势力彼此攻击，势同水火，构成了晚明政治的突出现象。同一时代的英国两党政治,虽然能够与之东西呼应,但在激烈程度和群体规模上,都要自愧不如。

与英国逐渐发展出近代意义上的两党政治不同,中国古代的党争,一直停留在传统政治的范畴之内。之所以呈现出这样的东西差别,既可能与儒家"君子矜而不争,群而不党"的政治观念有关,更应源于在中国古代的皇权政治中,无法容忍集团性政治势力的长期存在。故而,对于中国古代党争是否是现代意义上的党派政治的讨论,其实毫无价值。任何历史现象都是逐渐发展而成的,辉格党、托利党也与现代意义上的党派具有很大差别,关键是包括英国在内的西方社会,为政党政治的发展提供了历史土壤;而古代中国虽然频繁出现党争现象,却一直被扼杀在皇权力量之下。这才是我们在晚明东林党争的研究中所真正应该考察的重点。

东林党的出现

面对神宗的怠政、政局的混乱,晚明一些颇有正义感的知识分子开始结合起来。由于他们中为首的顾宪成、顾允成、高攀龙、安希范、刘元珍、钱一本、薛敷教、叶茂才等人讲学于东林书院，从而被称为"东林党"。东林党并非都是在野的士大夫，还包括吏部左侍郎杨时乔、左都御史温纯、吏部考功司郎中赵南星、漕运总督李三才等官员。

东林党的起源，与"争国本"直接相关。作为东林党的发起人，顾宪成在万历二十一年（1593）任吏部文选司郎中时，推荐在"争国本"中反对神宗的官员入阁，因此被神宗革去官职，转而在东林书院讲学，东林党逐渐形成。在野讲学的东林党人，作为当时官场的失意者，主张振兴程朱理学，标榜气节，激浊扬清，讽议时政，"士大夫抱道忤时者，率退处林野，闻风响附"[1]，与在朝的东林党人彼此响应，形成了一个庞大的政治势力。"天下君子以清议归于东林，庙堂亦有畏忌。"[2]"东林所至，倾动一时，能使南北交攻，角胜党附。"[3]

而其他官员群体逐渐以地域相结合，形成了众多党派，不仅攻击东林党，而且相互之间也有矛盾，万历后期由此形成纷乱的"党争"局面。当时官员如果不加入某一派别，甚至无法生存。"一人稍异议，辄群起逐之，大僚非其党不得安于其位。"[4]万历后期的"党争"，主要发生在天下官员进京考核的"京察"时期，从万历二十一年（1593）到万历四十五年（1617）的四次京察中，都发生了东林党与反对派之间，

十四　"三案"与党争

趁机罢免对方派别官员的政治斗争。

明末"三案"

万历末年至天启初年,明末"党争"开始与当时日益激烈的宫廷冲突交织在一起,伴随"梃击案""红丸案""移宫案"三案的发生,进入到白热化阶段。

万历四十三年(1615)五月,蓟州井儿峪(今北京市平谷区井儿峪村)一名叫张差的男子,手持枣木棍,闯入太子朱常洛所在的慈庆宫,打伤守门内官李鉴,随后被捕获。最初负责审讯的官员,都奏称张差是疯癫之人。但东林党人、刑部主事王之寀认为张差并非疯癫,其供称受到宦官指使。刑部进一步审讯的结果,是郑贵妃手下太监庞保、刘成将张差引入宫中。供状上达之后,神宗不愿深究,以疯癫奸徒罪将张差处死,又在宫中密杀了庞保、刘成二人,了结了此案。是为"梃击案"。

万历四十八年(1620)七月,神宗病逝。朱常洛登上了皇帝宝座,是为明光宗。光宗虽然登基为帝,但长期受到郑贵妃的压制,对她仍然十分畏惧,甚至恪守神宗的遗诏,多次想将郑贵妃立为神宗的皇后。而宫中的一切事宜,仍由郑贵妃全面安排。光宗即位之后，郑贵妃便命八位宫女贴身服侍光宗。*光宗即位之初，身体十分正常，但即位十日之后，身体开始出现问题，而他并没有让太医诊治，而是让内侍崔文昇诊断。崔文昇认为光宗是虚火旺盛，开具了泻药，导致光宗"一昼夜三四十起"[5]。东林党人给事中杨涟认为崔文昇用药错误，请求降罪。十余日后，光宗病情加剧，有将不久于人世的迹象。鸿胪寺丞李可灼进献号称仙丹的红丸。光宗服下第一颗红丸之后，"暖润舒畅，思进饮膳"[6]，病情大为好转，但服用第二颗红丸之后，身体状况骤然恶化，不久暴卒身亡。而颇为迂腐的阁臣方从哲，甚至还要拟旨赏赐李可灼，从而遭到了以吏部尚书张问达、户部尚书汪应蛟、礼部尚书孙慎行、左都御史邹元标为首的东林党人文官群体的弹劾，甚至有官员认为方从哲交结郑贵妃，故意推荐不懂医术，甚至心怀叵测的崔文昇、李可灼，对于光宗之死方从哲负有不可推卸的责任。最终，方从哲致仕回乡，崔文昇发遣南京，李可灼流放边疆。是为"红丸案"。

光宗去世之后，皇长子朱由校搬到了乾清宫，准备继承帝位，朱由校此时已经年近15岁，按理已经具备了一定的独自生活的能力，但负责抚养他的李选侍也一同搬进了乾清宫。李选侍

---

* 郑贵妃向光宗进献的宫女数量记载不一。《明史》卷二四四《杨涟传》称"郑贵妃进美姬八人"，《明通鉴》《明纪》从；而《明史纪事本末》卷六八《三案》称"郑贵妃进美女四人"。——编者注

十四 "三案"与党争

之所以如此，是因为她在郑贵妃的支持之下，有控制朝政的想法。李选侍在万历时期便与郑贵妃交往甚密，因此能够打压比她地位更高的王才人。王才人虽然生下了朱由校，但仍然时常遭受李选侍的欺凌，最终丧命。她临死之前说："与西李有仇，负恨难伸。"[7]西李即李选侍。王氏去世以后，朱由校改由李选侍抚养，同样备受虐待。可见，光宗父子虽然名为储君，后即位为帝，但偌大一个宫廷，对于他们而言，只是一个长期受到压制的幽怨空间，乃至埋葬至亲的黑暗之地。长期的逆来顺受，使他们养成懦弱的性格。对于李选侍的所作所为，朱由校并不敢反抗。但东林党人杨涟、刘一燝等人假借哭临光宗的名义，进入乾清宫，保护朱由校离开。虽然无法掌控朱由校，李选侍仍然要求参与朝政，并册封自己为皇太后，此举遭到了文官群体的反对。鉴于李选侍迟迟不搬离乾清宫，文官群体联合宦官王安，逼迫李选侍搬离乾清宫。是为"移宫案"。

可见，作为"争国本"的延续，在明末"三案"之中，东林党人竭力维护光宗父子，反抗郑贵妃，并攻击其他政治势力，从而在天启之初，形成东林党人布列朝廷、控制朝政的政治局面。但另一方面，由于东林党人砥砺名节，严君子小人之辨，对于政治人物的道德品质太过苛求，"士有落然自异者，诟谇随之矣"[8]，因此未能因时就势地联合其他政治势力，反而将之推向政治的对立面。而反东林党的政治群体开始聚集，逐渐归附于宦官魏忠贤，从而在天启时期，形成了东林党、阉党政治对立的局势。

赤蛇化身

明末流行一本小说，名《梼杌闲评》，又作《明珠缘》，历史学家邓之诚考证是由明末李清所撰。明清时人对于《梼杌闲评》有很高的评价，晚清小说家王钟麒在《中国历代小说史论》一书中，认为"《金瓶梅》之写淫，《红楼梦》之写侈，《儒林外史》《梼杌闲评》之写卑劣……皆深极哀痛，血透纸背而成者"。《梼杌闲评》一书，用文学的笔法，描绘了天启年间以魏忠贤为首的阉党迫害东林党人的政治惨剧。该书从佛教观念出发，将明末东林党与阉党之间的大规模政治冲突，附会为魏忠贤、客氏是嘉靖时期被无辜烧死的一对赤蛇率领两百多条小蛇投生转世，报复烧蛇之人的因果故事。

魏忠贤，明朝天启年间任司礼秉笔兼东厂太监，一个出身乞丐、权倾天下的"权阉"，一个祸乱朝纲、为明朝灭亡埋下伏笔的"罪人"，一个声名狼藉、背负万世骂名的"恶人"。

魏忠贤生于隆庆二年（1568），北直隶河间府肃宁县人。若论外貌，魏忠贤可以算是一表人才，身材魁梧，相貌英俊。若论智谋，他也十分机警。如果他能如常人那样耕田经商，养家糊口应该还是没有问题的。但他从小喜游乐，尽管已经娶妻生女，却仍然声色犬马，流连于赌场乐坊。在一次豪赌之后，魏忠贤输了个一干二净，为了偿还赌债，只能改嫁妻子，卖掉女儿。而他也从此流落街头，乞讨为生。走上绝路的魏忠贤想到了自阉入宫。直隶地区经济条件并不太好，许多青年子弟为了谋生，都通过自行阉割的方式，为进宫糊口做好准备。但阉割之后，并不一定能获得入宫的机会。这样就出现了明人笔记中记载的自阉而又无法入宫的阉人们拦截路人乞讨抢劫的悲惨场面。魏忠贤可能也受了自阉风气的影响，动了这个自绝于祖先的念头。

最初，上天也并没有垂青这个轻浮浪子，他自行阉割后甚至昏迷了很长时间，是一位僧人在寺庙里收留、挽救了他。这可能也是他"好僧敬佛"[9]并将自己的墓葬选在了寺庙的一个心理因素。在伤口愈合后，魏忠贤仍然在很长时间内得不到入宫的机会，只能在街头继续做乞丐。也许这个时候，他曾经看到过那些年岁已大，却仍然无法入宫的"准太监"们的惨状并心生悔意，但他已经别无选择。

可能是魏忠贤身材高大的缘故，他得到了为司礼秉笔太监孙暹当佣工的机会。魏忠贤的命运从此改变。时间长了，孙暹觉得魏忠贤很机灵，就把他推荐到宫里做小火者。自此，魏忠贤终于成为一个正式太监了。这一年是万历十七年（1589），魏忠贤21岁。也许，此时他的愿望只是从此不用再讨饭了。但事情的发展，远远超越了他的预料，也超越了一般常理的解释——他会成为主宰明朝命运的风云人物。

进入宫廷之后，魏忠贤与其他普通的宦官一样，并没有显示出迅速攀升的痕迹，似乎他也要如同大多数宦官一样，终身埋没在这浩浩宫廷之中。但秉性机警的他在十年后开始崭露头角。万历二十七年（1599），他获得了掌管甲字库的差使，手中掌握了大量钱财，获得了结交上司的资本。他首先与掌管兵杖局的太监魏朝结为兄弟，再通过魏朝的引荐，获得了司礼监太监王安的好感。

万历四十八年（1620），他人生中一个重要的转折点终于来了。这一年，明神宗去世，长子朱常洛即位，是为明光宗。魏忠贤也从甲字库被调到东宫典膳局任职。通过这个机会，魏忠贤获得了接近皇长子朱由校及其乳母客氏的机会。

明光宗即位不足一月便暴病身亡，其子朱由校继位。朱由校和他的父亲一样，长期生活在黑暗宫廷的恐惧之中。冷漠的爷爷也从未提供给他作为皇孙应有的教育。在黑暗的小屋中，朱由校养成了孤僻和封闭的性格，他把对生活所有的幻想都沉浸在制作一些小桌子和小板凳上。在这些小木匠活儿的敲打声中，朱由校逃离了沉重的宫廷斗争，飞向了无拘无束的快乐童年。也许，在他的梦想中，他十分愿意成为一位出色的木匠，建造属于他的没有冷漠和斗争的天地。

十四 "三案"与党争　　　　　　　　　　　　　　　223

但他的梦想，由于父亲的突然去世戛然而止。他成了皇帝，主宰千万生灵命运的人。面对这个突然的变化，他显得十分惊慌，也非常不适应。直到做皇帝时，他还没有脱离对乳母客氏的依恋。他还是个孩子，他所喜爱的，依然是他所创造的木制世界，而不是这个现实的天下。

所以，尽管已即位为皇帝，朱由校却仍是一个对他人充满依赖的没有长大的孩子。在他的皇帝生涯中，乳母客氏扮演了母亲的角色，照顾他的饮食起居，而魏忠贤则扮演了父亲的角色，负责为他处理朝政，应对群臣。

"对食"客氏

客氏名叫客印月（一说客巴巴），是保定府定兴县人。在17岁时，便被召入宫内，成为朱由校的乳母。客氏美丽的外表和母性的温柔，让幼年的朱由校找到了温暖的怀抱。他对客氏的依恋是十分强烈的。所以，当天启元年（1621）九月客氏按照规定离开宫廷后，朱由校连续几夜无法入睡。尽管他已经贵为皇帝，但幼年的恐惧仍然延续在心中，只有客氏能够给他提供温暖。无奈之下，朝臣只能让客氏继续留下来。

魏忠贤在客氏身上发现了一步登天的方法。他的相貌和机智都吸引了客氏，二人结成了"对食"的关系。明代宦官与宫女尽管不能像民间那样谈婚论嫁，但对此十分向往，所以双方往往会结成类似夫妻的"对食"关系，"对食"即"对面而食"。结成"对食"的宦官与宫女要彼此忠于对方，不得再与其他异性建立亲密关系，否则将会被视为不忠。

而魏忠贤通过与客氏结成"对食"关系，利用客氏在熹宗心里的独特地位，先后扳倒魏朝和王安，任司礼监秉笔太监，获得了在奏疏上批红的权力。一般来说，秉笔太监不敢对票拟有太大改动。而魏忠贤每当熹宗忙于木匠活时，就把奏疏拿去请熹宗批红，熹宗非常生气，总是让魏忠贤自己办理。时间长了，魏忠贤便径自把奏疏拿去批红，任意窜改。[10]而内阁官员也都是他的私人。魏忠贤由此掌握了朝廷决策。此外，魏忠贤还兼任东厂太监，掌握了明朝的特务机构，利用这一权力，魏忠贤可以肆意逮捕和镇压政敌。

看到魏忠贤如此控制朝纲，东林党人纷纷上疏弹劾，以杨涟弹劾魏忠贤二十四大罪状为标志，东林党与阉党的矛盾开始公开化。阉党打击东林党，先后发生"六君子事件""七君子事件"，魏忠贤诬蔑辽东经略熊廷弼通过中书舍人汪文言向东林党人行贿，大兴"汪文言狱"，并借此将东林党人一网打尽。杨涟、左光斗、魏大中、袁化中、周朝瑞、顾大章、高攀龙、周宗建、缪昌期、李应昇、周顺昌、黄尊素、周起元等先后被迫害致死。为控制舆论，魏忠贤命人于天启五年（1625）、天启六年（1626），先后编纂《东林点将录》《三朝要典》，罗织东林党罪名。

东林党虽然在魏忠贤的打击之下遭遇了巨大挫折，但在崇祯帝即位以后，再次得到重用，仍然是明末一股重要的政治势力。作为中国古代官僚政治的产物，党争虽然在历史上不断上演，但持续半个世纪、具有深厚的学说根源、鲜明的政治立场、坚韧的群体性格和重大的历史影响的东林党，无疑将中国古代的党派政治推向了历史巅峰。与这一时代英国的党派政治得以保存并不断发展不同，东林党虽然声势浩大、影响广泛，但在皇权及其附属势力的打击之下，完全没有抵抗能力，这便说明了中国古代皇权专制的历史土壤，无法培育出受到保障的党派政治。

打击东林党之后，魏忠贤专制朝政，内外大权一并收揽，人称"九千岁"，甚至称之为"尧天帝德、至圣至神"[11]。魏忠贤不仅在政治体系中安插私人，而且派遣宦官监视地方，完全控制了朝廷权力。在宫廷之中，有王体乾等三十余人作为骨干；在外朝有文臣崔呈秀、田吉、吴淳夫、李夔龙、倪文焕，号称"五虎"，武臣田尔耕、许显纯、孙云鹤、杨寰、崔应元，号称"五彪"，又有"十狗""十孩儿""四十孙"等等。"自内阁、六部至四方总督、巡抚，遍置死党。"[12] 为获取魏忠贤的垂青，官员们为魏忠贤在全国范围内遍立生祠，监生陆万龄甚至请求"建魏忠贤生祠于太学旁，岁祀如孔子"[13]。一时间举国上下对魏忠贤的歌颂之声不绝于耳。

魏忠贤的身后事

至此，魏忠贤当世的荣华富贵，已无以复加。但生理上的缺陷，使他对于身后事充满忧虑。由于脱离了正常人的生活轨道，太监无法在死后得到后代的香火祭祀，对于这一点，他们往往是充满了遗憾的。因此，他们对宗教，尤其是佛教具有一种特别的亲近感。佛教对于传宗接代的不同观念，使太监们找到了自己的人生方式的理论支持。所以，明朝太监往往在生前十分积极地参与佛教事业，比如修筑寺庙等。而对于死后葬地的安排，太监也往往倾向于选择寺庙附近。因为这样的地方不仅风景清幽，符合风水的观念，而且在他们看来，葬于寺院附近能够沾到香火旺盛的光，也能够得到佛祖的保佑，来世得到好的报应。引荐魏忠贤进宫的本管太监孙暹，和曾为魏忠贤上司的御马监太监刘吉祥，死后都选择在香山碧云寺附近埋葬。

香山地处北京西郊，山峦起伏，风景清幽，由于山顶有石，状似香炉，故有此名，是一处名胜。自唐代起，就不断有佛教寺庙在香山修建，故香山逐渐成为一座佛教名山。而碧云寺的前身碧云庵，便是由元人耶律阿勒弥所建。到了正德九年（1514），明朝御马监太监于经在碧云庵的基础上，修缮而成碧云寺。碧云寺的地位逐渐超过了自金元以来皇室名流参拜的永安寺，成为明朝皇帝、太监们拜谒佛祖、求香还愿的重要寺院。明神宗为碧云寺题写匾额："苍松古柏，水天一色。"碧云寺附近也成为太监们首选的墓地之一。

魏忠贤也正是看中了香山碧云寺的环境清幽、木铎阵阵，故而将碧云寺选为他的陵墓所在。陵墓从天启三年（1623）开始建造，耗费了国库大量存银，[14]规格远远超越魏忠贤的身份，是仿照皇陵的标准建造的，不仅有石马、石羊、石虎，还有石人。按照《明会典》的规定，三品以下官员的陵墓是不能有石翁仲（石人）的，而魏忠贤的官职仅为四品，其陵墓却有石翁仲，并且高达3米，与十三陵皇陵3.2米的石翁仲相差无几，远远超过田义墓前的高2米的石翁仲；而且魏忠贤陵墓的石翁仲雕刻装饰非常精细，这明显违反规制。而在石翁仲鞭的手柄与鞭的连接处，有一个与众不同的"二龙戏花"图案，而非"二龙戏珠"。因为龙的图案一般只有皇室才能使用，魏忠贤陵墓用龙与花的结合，代替龙与珠的结合，一方面是要比附皇帝，另一方面，又不敢明白地表达出来，所以做了折中处理，这些都反映出魏忠贤对自己一人之下、万人之上地位的自诩。

尽管魏忠贤为身后事做了详尽而奢华的安排，但讽刺的是，在熹宗去世后，魏忠贤很快失势，自缢后被戮尸于河间府。他的尸体自然也未被埋葬到那豪华的陵寝中。清军入关后，魏忠贤的党羽葛九思等人随清兵入关，将他的衣冠葬于碧云寺后，立了一个衣冠冢。但由于魏忠贤臭名昭著，为了防止人们发现，未写祠额，也未在墓碑上刻字。

尽管如此，在康熙四十年（1701），魏忠贤的衣冠冢还是被人发现，康熙帝下旨："魏忠贤碑墓，着交与该城官员扑毁划平。"[15]这一豪华坟墓从此变成残碑断垣、蒿草丛生的荒凉之地。

一代权阉，生前何其显赫，死后却惨遭戮尸，甚至衣冠冢也未敢书写姓名，即使这样，陵寝还被后世铲毁。所谓翻手为云，覆手为雨，造化弄人，世事沧桑。这些恐怕不是魏忠贤踏入宫门那一刻所能想象的。在明末那个动荡之世，魏忠贤成为时势的创造者，但又何尝不是那个时代的一颗棋子，受到历史无情的摆布和嘲笑？

十五
繁荣中的困境

明代的自耕农社会
农业财政的重建
白银的流入
近代因素的萌芽
体量庞大的中国
传统的政权

明代的自耕农社会

朱元璋本来是淮河流域的一个农民，风云际会，他最终成为皇帝。但他在根子里，仍然保留着浓厚的农民思维。缺乏安全感的性格，让他产生出十分保守的政治心理，他所追求的政治目标是保存政权，而不是发展政权。废除丞相，皇帝直接统领百官；杀戮功臣，诸王直接统率军队；放弃外拓，奉行内敛的疆域政策，这些不过都是为了保住明朝政权而采取的底线措施。"化家为国"，是中国古代家天下政治的本质内涵，用在明朝政权身上，尤其贴切。

而在关系政权根本的经济领域，朱元璋想建立的，便是一个稳定的自耕农社会，一个小农社会。为此，他在开国以后，便将人口大量死亡而出现的荒地分配给没有土地的民众。为加强对民众和土地的管理，官府编订《黄册》，统计天下户口，编订《鱼鳞图册》，登记天下土地；实行路引制度，将农民约束在本地；修建申明亭、旌善亭，调解邻里纠纷、表彰乡里善行。通过各种设计，朱元璋建立起来了这样一种农村社会：民众世代居住在一个地区，在官府分配的田地之上，开展小农经济，稳定地向国家提供赋役，接受政权的统治和乡里的教化。这实在是一个农民所能设计的最完美的社会图景。

农业财政的重建

在宽阔而平坦的大河流域，中国发展起古代世界最发达的小农经济，政权也相应建立在这种经济方式之上，以农为本，以农立国。而商业作为一种收益更高的经济形式，虽然能够带来社会财富，但由于流动性强，不便于管理，无法为国家提供直接所需的粮食和劳役，因此受到了历代政权的压制，"重农抑商"一直是中国古代的基本国策。而中国古代虽然一直保持征收商税的传统，但"讥而不征"是商税征收中最为古老与核心的观念，其意便是设置关津并非为收取商税，而是为盘查行人，维护社会安全，而商税在国家财政收入中所占的比例，是微乎其微的。

南宋和元朝时期，"重农抑商"政策有所调整。南宋由于仅保有半壁江山，"南渡后经费困乏"，为了与北方的金元抗衡，积极开展海外贸易，以获取经济收入，"一切倚办海舶，岁入固不少"。[1]蒙古帝国管辖亚欧大陆大部分地区，在统治方式上，呈现了内亚游牧文明、儒家农业文明、伊斯兰商业文明并用的混合特征，借鉴伊斯兰商业文明远洋贸易的历史传统，积极开展海外贸易。因此，在这两个时期的国家财政收入之中，有相当大的比例来源于商税。尤其是北方族群建立的蒙古帝国，相对更能突破农业经济体制，在商税开源、征收和利用方面，走得最远。

朱元璋出身于落后的淮河农业地区，对于元代的海外贸易，并没有直接的体认。建立明朝之后，朱元璋重新恢复了传统的农业财政。元至正二十四年（1364），明朝开国前，朱元璋便确立了三十税一的轻商税政策。[2]有明一代的主流财政思想也一直坚持轻商税立场，以保持商税旧额，甚至减轻商税为主流观点。万历时期的户部尚书赵世卿等以"讥而不征"传统作为减轻商税的政策依据，认为"天地生财，止有此数，多之于此，必损之于彼"[3]，即商业流通并未增加财富，进而主张实行节约型农业财政，而不扩大商业税源。

晚明在边疆危局下，虽多次以各种名目加征农业税，即"加赋"，但商税一直保持较低的水平，在国家财政体系中仍处于边缘位置。"一钞关所入，曾不足以当一下邑之赋。"[4]即使明末财政危机严重，商税加征程度仍十分有限。首辅叶向高对此解释称：

> 惟是加派一事，在今日民穷财尽，委所当蠲。然兵饷日增，司农束手，舍此之外，更有何策？征商一着，似亦可行。而议者惩于往事，莫肯任责。即毅然行之，而各处税关

所入,不过数十万。今欲加征,亦不过倍原额而止,视加派之四五百万,远不相当。[5]

白银的流入

赵轶峰系统考察了明代货币制度的历史演变后指出:洪武七年(1374)以前,明朝铸造"洪武通宝",以之为国家法币,但对于其他长期流通的货币,并未积极干预。洪武八年(1375)至宣德十年(1435),明朝开始发行纸币"大明通行宝钞",严禁以金银和实物进行交易,洪武二十七年(1394),朝廷甚至将铜钱也收缴禁用,大明宝钞于是成为唯一合法流通的货币。但由于大明宝钞并未以实物货币作为准备金,发行额也没有任何限定,因此很快便导致通货膨胀。正统元年(1436)至嘉靖初年,明朝实行白银、铜钱、宝钞三币兼用的货币政策。嘉靖初年以后,明朝步入货币白银化的历史阶段。[6]

伴随早期经济全球化进程的到来,明代中国作为当时世界上最大的经济体,与包括西欧、阿拉伯在内的世界经济体系,产生了频繁而密切的经济贸易往来。作为当时世界的经济中心,中国经济体量不断增长,需要大量白银,而美洲、日本的白银,在贸易往来中不断流入中国,推动了明代中国货币白银化的历史进程。作为回馈，中国的丝绸、瓷器、茶叶等货物，远销世界各地。民间经济普遍用银，也推动了国家财政制度的改革。正统时期，明朝已经开始在部分赋税项目中，将实物折成白银。嘉靖以后各地的赋役改革，尤其是万历时期"一条鞭法"的实行，反映出国家已经全面认可了白银的主流地位，而铜钱只是作为小宗贸易的货币形式。

但另一方面，明后期虽然有大量白银流入中国，但中国的白银一直处于紧缺的状态。这既与中国经济的不断发展有关，也与白银的用途有关。明后期，蒙古在北部边疆对明朝构成全面压制的态势，明朝需要更大规模地在北部边疆修筑长城。长城修筑之后，又需要增兵戍守。由于卫所制度早已废坏，长城守兵主要依靠征募而来。因此，明后期长城防御体系在长城修筑、士兵军饷的开支上急剧增长。由于长城远离南方经济重心地区，这些投入在北方的白银重新回流到南方经济区的速度、数量都大打折扣。或者说，明代从国外流入的白银，大多并未真正进入到市场流通环节，而是被搁置在了遥远的长城边疆。

近代因素的萌芽

伴随着明代中国卷入早期经济全球化的历史进程，经济领域受此催动,产生出了一些新型的经济方式、社会现象和思想因素。在农业领域,江南地区已经出现大量"长工""短工"等雇佣劳动者,而一些经营地主,开始投资于土地的开发、商品化经营并兼营手工业;玉米、花生、马铃薯、烟草等大量新品种作物,开始被引入中国,其中的商业作物推动了农业结构的变化,商品化程度大为提升。在手工业领域,江浙地区的苏州、松江一带的丝织业中,出现了以出卖劳动力为生的"机工"和以投资丝绸生产获取利润的"机户",开始形成"机户出资,机工出力,相依为命久矣"[7]的雇佣关系。采矿业虽然屡受官府压制,但仍然在许多地区普遍开展起来。在社会领域,江南市民阶层开始发展起来,甚至出现反对阉党的民变事件。[8]在思想领域,包括东林党在内的众多士人,批判重农抑商,倡导重视工商业;以李贽为代表的泰州学派,高举个人主义的旗帜,主张"人人皆可以为圣"[9]。这种现象在国内史学研究中,被先后称作"资本主义萌芽"和"早期近代化"。

事实上,在不同类型的社会之中,在安定的社会环境之下,经济都会呈现相应的发展,市场也会逐渐走向繁荣,当积累到一定程度之后,经济水平、分工程度、社会结构、思想因素都会呈现相似的历史变化,但并非都指向资本主义,也并不预示着古代社会将向近代社会转化,只有当社会之中的新因素足以推动国家体系发生整体变化的情况下,一切的种子和萌芽,才会最终成长为参天大树,否则只会像一朵浪花，注定被淹没在无垠的海洋之中。

明后期的历史新因素，一方面在中国古代不同时期，大都曾经不同程度地出现过，并非全新的历史变化；另一方面整个社会层面确实发生了彼此关联的互动变化，这反映出在早期经济全球化的历史背景下，逐渐被卷入世界的明代中国，在社会领域开始呈现出一种新的变化趋势，与同一时期的西欧文明呈现东西呼应的历史态势，这种历史新因素可视作近代因素。但历史发展的结果，最终显示出这种近代因素并未在中国发展起来并成为时代的主宰者。

体量庞大的中国

明代中国与近代西欧之所以呈现这种历史分途，与二者截然不同的体量规模直接相关。而以往的研究未能从这一视角深入分析，从而一直呈现出巨大的错位。

在19—20世纪社会科学形成之时，在不同学科呈现分化、独立的时代潮流中，萌发于德国的现代地理学却因为不合时宜地强调消除学科界限、综合不同方法，导致其学科地位大受影响，受到其他学科的普遍漠视乃至放弃，进而使时间而非空间成为社会科学研究的思考维度。同样，长期以来，历史研究也呈现出独重时间而忽视空间的"去空间化"（despatializing）取向。福柯在审视了近代历史研究取向和潮流之后，指出："空间被当作是死亡的、刻板的、非辩证的和静止的东西。相反，时间是丰富的、多产的、有生命力的、辩证的。"[10]其实地理不仅是空间的舞台，更在历史中扮演着能动角色，甚至从长时段而言，决定着历史的基本走向。在一定意义上，统治是一门空间的艺术。伴随统治疆域的扩大，统治规模会呈现几何级增长，国家治理难度相应也会呈现几何级增加。

与在西欧诞生出来的近代民族国家不同，古代中国是世界上唯一一个长期保持了广疆域、多族群、多文化的"王朝国家"，具有辽阔的疆域和庞大的体量，相关制度都是基于这一体量之上，综合、统筹考虑而制定。相应地，对于古代中国的研究，不仅应从时间维度上，审视不同时代的"时差"，还应从空间维度上，从具有不同生态环境、历史发展的区域社会分别出发，审视不同区域的"域差"和互动，而非单纯地从某一区域社会出发，这样才可以得出完整而客观的历史图景。以往的中国历史研究，在审视中国历史时，大都并非从中国整体地理空间出发，而是从仅占中国一小部分空间的，经济、文化较为发达的中原、江南出发，强调这一核心地区对于中国历史的引领、推动作用；事实上，广大经济不及中原、江南那样发达的地区，甚至十分辽阔的边疆地区，一直在拖曳着中国历史发展的步伐。不同地区历史力量的彼此牵制、相互抵消、来回互动，才构成了中国历史发展的最终合力。

对于明后期中国近代因素的历史审视，也应该从当时中国的整体背景加以考量。十分显然，前述这些历史变化基本发生在经济、文化最为发达的江南地区，而不是普遍存在于其他更为广阔的地区，尤其是边疆地区。与热闹的江南相比，整个明代中国的国家面貌，并未实现整体变化。以江南一隅牵引庞大的中国，和英国在资本主义兴起的过程中，全国实现了整体动员相比，完全不可等量齐观。近代化在英国是惊涛骇浪，而在中国只是广阔大海的一片浪花。

传统的政权

建立在庞大疆域之上的"王朝国家"，在进行统治时，自然是从全局的角度，而非一隅的视角。按照"木桶效应"，一只水桶能装多少水，并不取决于最长的那块木板，而是取决于最短的那块木板。短板而非长处，是决定国家安全，相应开展制度设计的历史决定因素。正是由此角度出发，中国古代"王朝国家"在出台制度、制定政策时，都将保障落后地区的社会安定，而非发达地区的经济发展，作为考虑的重点和优先项，正因如此中国古代不同王朝在制定国家政策时，都呈现出滞后于发达地区的保守性质。在当前经济因素影响十分凸显的现代社会，我们可能会对传统中国的这一做法难以理解,甚至加以讥讽;但在当时这种做法是维护国家统一和社会安定的合理方案。

明代中国的南方地区,尤其是江南地区,虽然已经与早期经济全球化紧密联系起来,但更为广阔的其他地区仍然保持着传统的节奏,甚至处于不断的动荡之中。因此,明朝并未推动政权的整体变革,主动融入早期经济全球化的历史进程;而是仍然保持着传统的政权性质,维持着旧有的经济形式和农业财政。明代中国虽然处于早期经济全球化的中心位置,但只是经济领域的一种自发联系,政权并未通过制度变革推动这一历史进程,也未吸收这一潮流所带来的经济财富,而是仍然在传统的财政体系中,寻找逐渐狭窄的历史空间。

不仅如此,明朝鉴于海外贸易会引发民众脱离国家控制,摆脱赋役体系,甚至在帝国边缘形成不稳定因素,甚至采取了长期禁止、打击海外贸易的政策,从而造成大量海外华人无法或不敢回到本土,形成了数量众多的华侨。华侨现象一方面显示出中国的巨大经济实力和民间向外开拓的勇气,但另一方面,也反映出明代中国无法将新生因素整合到体制之内,甚至将其作为体制的敌人,从而造成人才和资源的大量流失。

于是,明后期的中国,陷入一种张力明显的悖论:一方面是以江南以首的南方地区发展出空前发达的商品经济,推动了社会的空前繁荣,将明代中国推向早期经济全球化的核心地位;另一方面却是明朝政权在边疆危机引发的财政危机下，采取加征农业税的方式，导致社会动荡和军民起义，政权瓦解，从而逐渐走入历史困境。一方面是社会的空前繁荣，另一方面却是国家的日渐衰落；一方面是民间的新鲜活泼，另一方面却是政权的因循僵化。明朝就是这样，在最华丽的时候，轰然倒塌。"最不可能的事情发生了"[11]，这是当时欧洲人，对于明朝这一当时国土最为辽阔、经济最为繁荣的庞大帝国的突然崩溃，由衷而发的惊诧和感叹，也是明朝难以琢磨的历史，带给我们的无穷思索。

十六
明末大瘟疫的元凶

人类历史的自然性
小冰河期气候的影响
天灾已至
"瘟神"的真面目
来自长城外的"敌人"

人类历史的自然性

人类历史一直受到自然环境的影响，是自然变化的一部分，"自然性"是人类历史的特征之一。这是无须论证的事实。但由于科技的发展，人类在自然面前的主动性越来越强，人与自然的关系，在我们的日常意识中，逐渐被淡化，以致影响了我们审视历史的角度。每当我们忽略自然的时候，它便会以自己的方式，提醒我们它的强大存在和巨大影响。

事实上，气候暖寒、水旱灾害、地震发生、瘟疫流行，一直都是影响人类历史的重要因素，甚至有时会直接改变人类历史进程。相应地，中国古代的正史编纂也一直将天文、五行、地理，作为志书必不可少的章节。中国古代最负盛名的史书《史记》的作者司马迁，也将"究天人之际，通古今之变，成一家之言"作为著史的理想追求。可见，在中国古代的史学传统中，一直有将自然环境作为历史写作大背景的定位和诉求。

随着现代学科体系的建立，历史学和研究自然环境的学科，基本分属文、理两个不同的大类，尤其是在国内现行学科培养模式下，不同学科之间画地为牢、藩篱重重，导致历史学研究与自然环境研究之间有十分严重的隔膜。即使以研究自然灾害为主题的灾荒史，也长期倾向于关注政治举措，对于自然灾害本身的专业分析相对较少。当下生态史虽逐渐成为国际史学界的前沿方向，但由于历史学者本身在自然环境专业知识的储备方面先天不足，生态史的未来发展，无疑需要长期的艰苦跋涉，才能真正揭示自然与历史之间全面而深刻的内在联系。

作为自然环境影响人类历史的表现之一，瘟疫长期而巨大地影响了人类历史的具体进程。与灾荒相比，瘟疫不仅同样对于人类社会有巨大的冲击力，而且在古代，由于医疗技术不发达，医疗救助体系不健全，政府对于瘟疫的救治远逊于对于灾荒的救助，在很大程度上，民众只能仓皇无助地面对瘟疫，从而对瘟疫这个看似无形却十分恐怖的威胁，产生巨大的心理压力。中国古代由此形成了瘟神信仰与驱赶瘟神的各种仪式。在《封神演义》中，不仅有瘟癀昊天大帝吕岳，而且他麾下还有六位正神，分别是东方行瘟使者周信、南方行瘟使者李奇、西方行瘟使者朱天麟、北方行瘟使者杨文辉、劝善大师陈庚、和瘟道士李平。

中国古人很早便对瘟疫形成了深刻印象。东汉许慎在《说文解字》中说，"疫，民皆疾也"，强调瘟疫的流行性和传染性。在中国古代，瘟疫的名称很多，如疫、疠、瘟、瘟疫、温病、伤寒、时气等。对于瘟疫的产生原因，古人认为是塑造并维系世界的"气"未按正常顺序流转，从而导致自然环境和人体都发生紊乱，使人们普遍生病。《礼记·月令》便说："孟春……行秋令，则其民大疫。"相应地，古人也从"气"的角度，推衍出认知、诊治各种瘟疫的医疗理论体系，这些理论体系构成了中医的重要内涵。

小冰河期气候的影响

从万历初年到明朝灭亡这段时间，大江南北暴发了规模巨大的瘟疫，北方地区尤甚。瘟疫种类多样，持续时间长，波及面广，造成了上千万人的死亡，严重削弱了明朝的统治根基，是明朝瓦解、灭亡的重要因素之一，与这一时期在欧洲蔓延的黑死病形成东西呼应之势，是"十七世纪危机"的重要特征之一。

所谓"大荒之后，必有大疫"。晚明瘟疫暴发的直接原因是旱灾的频发。如万历十五年（1587）五月，"京师亢旸，疫气盛行"[1]。万历四十五年（1617）六月，阁臣方从哲言："日者天时亢旱，雨泽稀微，赤日流金，土焦泉涸，都城内外，疠疫盛行。"[2]

明中后期，尤其是晚明，旱灾呈现密集性暴发的特征。之所以如此，是因为此时属于小冰河时期。太阳光照使地球保持了温暖，但太阳本身也在不断产生物理变化，对于人类而言，最能直接观察到的太阳变化,便是太阳黑子活动。所谓太阳黑子,是指太阳表面一种炽热气体的巨大旋涡,由于这一旋涡温度相比太阳表面温度较低,因此远看上去,好像太阳呈现出一些黑暗斑点。太阳活动比较强的时候,太阳黑子就比较明显;反之,太阳活动比较弱的时候,太阳黑子就不明显。太阳活动的强弱,直接影响地球的气温升降,因此太阳黑子活动的情况,便可以作为全球气候寒暖的直接表征。

元明时期,太阳黑子并不明显,全球气候变冷,处于气候学的小冰河期。气候变冷的直接后果,便是降雨量减少。降雨量减少对于湿润的中国南方地区而言,影响并不明显,但对于降雨本就较少的中国北方地区,尤其是400毫米等降雨线附近敏感的地区而言,会形成直接冲击,引起生态环境的变化,甚至直接促成旱灾的发生。

明中后期北方旱灾的发生,还与北方生态环境的恶化有关。随着人口的增长,大量民众为生存开始开垦草地、砍伐森林,开辟出更多可进行农业种植的土地,农垦规模的扩大加剧了地表水的蒸发。不仅如此,明后期皇家和各种政治势力,开始大兴土木,开展工程建设,对木材产生了巨大需求,这同样严重加剧了对森林的破坏。这些活动无疑都恶化了生态环境,减少了地表水的储存,诱发了旱灾的发生。明代山西有"十年九旱"之说,成化时期便出现由于发生旱灾而导致瘟疫流行的现象。[3]万历时期,瘟疫大多是在旱灾发生之后开始大规模暴发的。

天灾已至

明末的瘟疫致命性高、暴发地点广、种类繁多复杂，因而对社会造成严重的破坏，对时人的心态、国家的政局也都造成深刻影响。

崇祯十六年（1643）七月，北京一带盛行"疙瘩瘟"，"都人患此者十四五"[4]，"比屋传染，有阖家丧亡竟无收敛者"[5]。崇祯十七年（1644）秋，山西潞安府（今山西长治市）大疫，病者"多腋下、股间生一核，或吐淡血而即死，不受药饵，虽亲友不敢吊"[6]。

史籍中所记载的瘟疫远不只于此。明末诸多种类的瘟疫，多是当时人们根据患病者症状所命名的：

上文所述之"疙瘩瘟"，出现于北京等地，患者身上全身红肿，长满"血块"，严重者"发块如瘤，遍身流走"，"数刻立死"，[7]因此而得名。

"西瓜瘟"，出现于江苏地区，又名"瓜瓢瘟"，患病者胸口肿胀，"目赤肿痛""呕血暴下"[8]，"吐血一口，如西瓜状，立刻死"[9]。

"羊毛瘟"，出现于崇祯年间的北京等地，患者胸口后背长出黑点,"如疙蚤斑",黑点内有白丝,状似羊毛,"用小针于黑处一挖,即出羊毛一茎",故名。有的患者身上的黑点甚至多达上百,能用针"取数百茎"的"羊毛"。[10]

明末瘟疫之所以对时人造成难以磨灭的印象,不只是因为各种瘟疫的致死性强,有的地区"瘟蝗渗厉,尸山血海,万死一生"[11],"绝户""灭门"之语数见于史籍;还有更令人们感到恐怖的,就是患病者的病状。患病者的身体几乎都产生了可怕的变形,患病后或是口吐如西瓜瓤的血块,或是背上长出"羊毛"。这些可怕的症状,带给人们的恐惧比战争、灾荒更甚,给当时社会各个阶层的心态都造成重大影响。

瘟疫造成的恐惧,使百姓感受到了深深的绝望,在当时医疗条件有限的情况下,百姓自然将这些病状可怖的恶性传染病归为超自然力量,从而诉诸鬼神。在"西瓜瘟"盛行的江苏,"巫风遍郡,日夜歌舞祀神,优人做台,戏一本费钱四十千,两年钱贱亦抵中金十四金矣";人们为乞平安,祭拜瘟神,希望能逃出其魔爪,祭拜者人数众多,"日行街市,导从之盛,过于督抚";吴江地区"一神甚灵",甚至连当地县令都"行香跪拜"。[12]

巴蜀地区瘟疫盛行之下,民间开始出现传说:"时鬼魅昼见,与人争道;夜聚室中,噪聒不休。有梦魂魔者,人就枕,隐隐摄魂去,觉者疾呼,可活,少顷不救。抹脸魔者,黄昏时寒噤如冰,面皮自脱。二物来时,影形模糊,梦魂魔犹可赶逐,抹脸魔必明火震鼓以守之。"[13]这或许是由于患病者、病死者的状况而引发的传说。

崇祯十六年（1643），"河北传一小儿，见人白而毛，逐之入废棺中，发则白毛飞空几满"，不久后"羊毛瘟"开始迅速蔓延开来，传播至江南地区。当时民间认为，"羊毛瘟"来源于茄类植物，故有"无食茄食，食者必病"的传说，有人"以手折茄中分之"，发现茄中有"羊毛"，认为这就是导致瘟疫的"白眚"（不祥之兆、妖魔），并"断之以刀"。又有谣传，认为"羊，金也。金气伤，故羊祸转"，相传一种"釜底朱书"的道符，这种道符可"解疫生民短折，人主不能救，而天救之"，一时间"民争效之"。[14]但显然，这些做法不可能制止瘟疫。

总之，求神和谣言，都可见社会上下在面对瘟疫时的绝望心态。

中国古代的士大夫信奉"天人感应"，认为各种灾害的发生都是上天的惩罚或预警，预示社会将要出现更大的动荡和灾难。瘟疫也是如此，历代的史书和地方志，均将瘟疫大规模暴发和流行的事件记入"灾异""灾祥""五行"等目录下，这同样反映出"天人感应"的思想。明末瘟疫对社会造成的破坏甚大，又恰逢明清易代的历史节点，更是使当时文人士大夫将其视为上天的警示。在明末清初的文人徐树丕的记述中，仅在崇祯甲申年（即崇祯十七年，1644年）一年，北京暴发了"疙瘩瘟"、江苏暴发

十六 明末大瘟疫的元凶

了"西瓜瘟",各地百姓祭祀鬼神祈求保佑,徐树丕将这一年南北的大疫称作"甲申奇疫",并叹道:"国将亡,听命于神,哀哉!"[15]很明显,徐树丕将明末的瘟疫与明朝的灭亡联系在一起。

而同时代的刘景伯在叙述巴蜀地区瘟疫时,更是认为:

> 终春秋二百四十年无疫瘟魔者,以予观遗书叙略,皆谓灾害为人事所致,信矣。孟子曰,人性皆善,其不善者习为之。今不责贪官污吏之横于上,而概谓顽梗难驯,是诬民也。[16]

刘景伯直接把"疫瘟魔者"定性为"人事所致",并指明"贪官污吏之横于上",同样也是将恶疫与明末政治的腐败联系起来。

"瘟神"的真面目

对明末流行的种种瘟疫,传统中医积极地寻求医治方法,他们多基于"气"的理论,对瘟疫进行分析。比如中医认为"羊毛瘟"的病因是"凉气"。清代咸丰年间,昆明地区出现"羊毛瘟"疫情,清人许起观察病情后,查阅医书典籍,认为病因是"天气郁勃,潮湿酷热,夜不能睡,将曙,露体承凉风中,有丝乘虚而入者也"[17]。

中医根据"气"的理论对明末流行的瘟疫进行病理分析，与现代病理学分析相差甚远，使今人无法准确判定这些瘟疫属于哪些疾病。而且瘟疫病情的严重，"惟疙瘩瘟之阖门暴发、暴死"，也令当时的中医无法对其进行分析解释，"不敢妄加名目也"，[18]"瓜瓤瘟、疙瘩瘟，缓者朝发夕死，急者顷刻而亡，此又诸疫之最重者，幸而几百年来罕有之证，不可以常疫并论也"[19]。史料中对于病死率的记载多是"十室九空""死者枕藉""阖门俱灭""十无一二"等词语，这些形容表述模糊，不乏夸大之嫌；考虑到明末瘟疫正值明清易代，战乱频发，兵燹遍布，诸多的人口死亡可能并非由于瘟疫，但也包含在疫情肆虐下的"十室九空"中。记载明末瘟疫的方志、笔记等史料，大都是入清以后，甚至是在康熙、乾隆年间完成，距离瘟疫发生的时代，已经过去数十年，甚至上百年，对明末疫情的叙述，难免发生偏差；而时人对瘟疫的恐惧心态，也加重了文献史籍中对瘟疫影响的描述。

这些因素都无法让人们探究出明末瘟疫的真面目，也无从得知病源是什么。不过，文献中对于瘟疫的病症、暴发和流行时间都有较为详细的记载，这给了现代医学家、疾病史专家提供了重要线索。

吴有性在《瘟疫论》中记载了"疙瘩瘟"的症状之一，就是"瘰疬"；而暴发于潞安的瘟疫也出现了患者腋下、股间有

"核"的症状。近代医学家根据这一病情,对此类疾病进行了定性。清末民初的医学家余伯陶总结认为,"盖疫毒恶血,凝结成核,核痛甚剧。审是,则鼠疫之必夹核,核瘟之必夹瘀,益明矣","有核"和疫区有无死鼠,这二者是诊断瘟疫是否是鼠疫的关键情况,所谓"有鼠无鼠,有核无核,界限分明"。[20]而以现代医学标准来看,腺鼠疫会导致患者淋巴结肿痛而结核,这与文献记载的"生核"症状极为相似。中国卫生防疫、检疫事业的创始人伍连德博士认为,潞安瘟疫的"患者项部和腋下长有硬血块,而且还记载患者会突然吐血死亡。就我所知,这是目前有关中国肺鼠疫的最古老的记载"[21]。

"西瓜瘟"除吐血之外还有一个重要的症状。在崇祯十七年(1644)北京的"西瓜瘟"疫情中,判断患者病情严重与否的方法是"看膝弯后有筋肿起","紫色无救",而"红色速刺,出血可无患,以此救活多人,病亦渐息",当时的中医将此解释为"血出则疫毒外泄,故得生也"。[22]从现代医学的角度来看,"膝弯后有筋肿起"且呈红色或紫色,明显是股间结核的症状,属于典型的黑死病症状。

而在某些记载中,"羊毛瘟"也有股间结核的病状。[23]虽然在明末的记载中,有助于判断"羊毛瘟"的史料较少,但是清代的记述给出了明确的内容。嘉庆九年(1804)秋冬之际,昆明暴发"羊毛瘟",疫情严重。时有传闻,点天灯可以祈禳去疫,一时间昆明城上下"树竿悬灯,火光烛天,限满一百八日始罢,计清油之费,万金不敷"。而在这场瘟疫中,有一个重要的现象被记载下来:"鼠先人死,病人皮肤中生羊毛,蔬果亦生之,俗名羊子,即吴梅村《绥寇纪略》所谓'羊毛瘟'也。"[24] 当时也有诗云:"羊毛着物能生死,鼠鬼随人有后先。"[25] 出现大量死鼠的现象,让许多现代学者认为"羊毛瘟"也是某种鼠疫。

至此,明末瘟疫的真面目终于揭晓——对社会造成巨大动荡和严重破坏的元凶,正是鼠疫。

来自长城外的"敌人"

鼠疫是世界历史上,传播最烈、致死率最高、影响最大的瘟疫。英文中用"鼠疫"(plague)代指瘟疫。鼠疫曾经长期在世界范围内普遍传播,其中有三次大流行。第一次是公元6世纪的查士丁尼瘟疫,导致东罗马帝国失去了三分之一以上的人口,断送了帝国最后的复兴希望。第二次是中世纪欧洲的黑死病,导致欧洲三千万以上人口的死亡,世界范围内约一亿人口的死亡。第三次是19世纪后期发源于云南的鼠疫,在世界范围内快速传播,导致一千多万人死亡。随着生活条件、医疗技术的提升,尤其是疫苗的研制,当前鼠疫不再流行,但仍不断有零散病例出现。

鼠疫易发于热带、温带的半干旱荒漠草原、半湿润草原（包括高寒草甸和草原）和湿热的沿海森林。广袤的内蒙古草原，是啮食草根及其他植物的野栖性鼠类即野鼠的生活天堂。鼠疫病菌寄生在野鼠及其他啮齿类动物身上，通过鼠蚤传播。但在气候干旱、变冷的环境下，草原上的草类及其他植物，无法满足野鼠的食物需求，于是野鼠开始离开自然疫源地，进入到南边气候温暖、人类集中的地区寻找食物，进而将鼠疫菌传播到没有抗体的家鼠、家禽甚至人类身上。人类之间通过呼吸、接触，从而造成鼠疫的暴发和传播。曹树基、李玉尚便指出："历史时期北方鼠疫自然疫源地的南界即当时的农牧分界线"。[26]

中国历史上的农牧分界线，大体与400毫米等降水量线重合，这一条线大致经过大兴安岭—张家口—兰州—拉萨—喜马拉雅山脉东部，是中国半湿润地区与半干旱地区的分界线。在北方边疆地带，农牧分界线最明显的标志便是长城。北方边疆在历史上，是瘟疫尤其是鼠疫的高发地带。首先，由于处于400毫米等降水量线的位置，北方边疆对气候变化最为敏感，降水量的微小变化，都会导致旱灾等一系列自然灾害的发生，最终影响社会体系乃至政权统治的稳定；同时也会导致生物界产生连锁反应，缺少食物的啮齿类动物，尤其是野鼠进入到人类社会，从而引发鼠疫的暴发和流行。其次，北方边疆长期的拉锯战争，导致大量人口死亡，促使民众流离失所，容易遭受饥饿、寒冷的侵袭，给瘟疫的产生提供了条件。最后，在各种自然灾害、战争和国家赋役压力之下，北方边疆容易爆发大规模农民战争，从根本上摧毁地方秩序，进而引发大规模的人类灾难和瘟疫流行。

明代在气候上处于小冰河期，干旱少雨的气候，促使北方边疆长期处于生态恶化的临界状态；明朝、蒙古之间的长期战争，不仅促使北方边疆动荡不安，而且给这一地区带来了极为繁重的赋役压力。最终，在大规模旱灾和国家赋役的压力下，农民战争在陕北率先爆发，最终席卷了北方边疆，不仅成为明朝政权灭亡的重要因素之一，而且造成北方地区大量人口死亡，引发了瘟疫的大规模流行。

明朝人可能永远都不会想到，长城外的敌人不只有蒙古部落，还有携带病菌的野鼠；恰恰是后者的"入侵"，成为明朝灭亡的重要原因之一，而不是前者。长城可以阻挡游牧民族的南下，但无法阻挡自然环境的影响。

可见，在历史研究中，应从自然环境的视角，审视由其塑造的不同区域社会，在地理空间上所扮演的不同角色，揭示其对于整体中国和历史进程的区域影响。长城边疆便是中国历史上鼠疫的重要疫源地和历史的"爆点"。

十七
"天"亡大明

"十七世纪危机"
生不逢时的崇祯帝
朝鲜之役和女真崛起
内外交困的明朝
火炮与明清易代
内敛国策的苦果

"十七世纪危机"

小至一个微生物、一个人，大至一个国家、一个星球，乃至宇宙，都呈现出同样的生命历程，都要经历从出生到发展，再到最后死亡的过程。与人生轨迹有起有落一样，一个政权也会经历由盛而衰的历史变化。明朝同样也不能例外。只是与之前的王朝相比，明朝由鼎盛进入衰落的历史变迁，除了本身生命的逐渐衰弱之外，还受到了早期全球化的影响。而明朝在近代世界开启之初，由于采取了内敛疆域政策，最终收获了苦涩而悲剧的命运。

1954年，英国历史学家E.J.霍布斯鲍姆（E. J. Hobsbawm）提出了一个著名的概念——"十七世纪危机"，这一概念此后不断被其他历史学家发展。总而言之，"十七世纪危机"是指：在17世纪，亚欧大陆众多国家都出现了气候急剧变化、灾荒多发、瘟疫流行、人口大量死亡、社会动荡、战争频发、边疆动乱等危机，最终导致政权的衰落、灭亡，甚至皇帝、国王身死。

不同区域的人类社会交往时间之早、程度之深，远远超出我们的想象，但任何时期的区域社会交往，与三百余年全球化的历史相比，都大为逊色。"十七世纪危机"之所以形成巨大影响，与这一时期世界开始步入早期全球化阶段，各种历史因素传播、交流、整合的程度和频率远超以往有直接关系。

生不逢时的崇祯帝

熹宗去世之后，由于并无子嗣，因此由他的弟弟信王朱由检继承皇位，改年号为"崇祯"。虽然熹宗、崇祯帝并非同母兄弟（熹宗生母为王才人，崇祯帝生母为刘淑女），但二人的母亲早逝，共同由李选侍照管，因此感情深厚。虽然生长在同样的环境之下，但二人的性格差别很大。与熹宗的懦弱无为相比，崇祯帝则是刚毅有为。崇祯帝即位之后，通过除掉魏忠贤，任用东林党，使得朝野一新。史载："帝承神、熹之后，慨然有为。即位之初，沈机独断，刈除奸逆，天下想望治平。"[1]

但明末所处的时代，正是"十七世纪危机"爆发之时，与其他文明一样，明朝在各方面都面临着严重问题，不仅灾荒频发，瘟疫流行，而且内外局势严重恶化。

惜乎大势已倾，积习难挽。在廷则门户纠纷，疆场则将骄卒惰。兵荒四告,流寇蔓延。遂至溃烂而莫可救,可谓不幸也已。[2]

天启年间,除了陕北军民起义和辽东女真叛乱之外,北方有徐鸿儒领导的白莲教起事,西南则有四川永宁宣抚司奢崇明、贵州水西宣慰司安邦彦的"奢安之乱",一直到崇祯三年(1630)才被平定。

崇祯帝虽然励精图治,殚精竭虑,但以一人之力,实难挽救整个帝国。崇祯因此痛心地称:"朕非亡国之君,事事乃亡国之象。"[3]急切之下,崇祯帝甚至重典治国,严绳臣下,更加使官僚集团无法放开手脚。李自成攻破北京之前,崇祯帝在召见文武官员时,痛心疾首地谴责他们:"朕非亡国之君,诸臣尽亡国之臣。"[4]在吊死于煤山之前,崇祯帝对于文武官员,仍然十分怨恨,说道:"朕凉德藐躬,上干天咎,然皆诸臣误朕。"对于丢掉祖宗江山,崇祯帝感叹道:"朕死无面目见祖宗,自去冠冕,以发覆面。"不过崇祯帝此时仍然心怀百姓:"任贼分裂,无伤百姓一人。"[5]鉴于崇祯帝为人庄重,刚烈而死,清人于是赠其谥号为"庄烈"。

崇祯帝对群臣的指责反映出他无力回天的绝望。诚然，明朝灭亡的真正原因绝不是在崇祯时期形成的。《明史》认为"明之亡，实亡于神宗"，这句话揭示出了一个重要的现象：使明朝陷入内外交困的边疆危机，自万历年间就已经产生了。因此，探究明朝的"十七世纪危机"和崇祯帝的悲剧，还需要从万历末年开始。

朝鲜之役和女真崛起

明末所面临的历史危机，尤以陕北军民起义和辽东女真叛乱最为严重。二者虽然一内一外，但共同特征是都处于长城边疆。陕北军民起义发生在榆林长城的内侧，而女真叛乱发生在辽东长城的外侧。明朝灭亡于长城边疆人群内外夹击的历史，进一步印证了"明长城时代"的历史特征。

金朝灭亡之后，女真后裔仍流徙于东北地区的白山黑水之间，明朝依照女真各部与自己关系的亲密程度，将之划为三大部族：建州女真、海西女真、野人女真。虽然三大部族都大体与明朝结成了羁縻或宗藩关系，但其中尤以辽河流域的建州女真距离明朝最近，与明朝关系最为稳定，经济往来最为频繁。建州女真居于辽东长城外缘，负责为明朝"看边"，一方面抵御北方其他女真部落南侵，另一方面阻止汉人越界逃逸。由于与明朝关系十分密切，建州女真与明朝长期开展朝贡贸易，同时不断招徕汉人"板升"耕种土地，逐渐发展起来。

万历前期，虽然女真开始崛起，但这一时期，李成梁镇守辽东，二十余年内多次取得对蒙古和女真战争的胜利，"先后奏大捷者十"[6]，明朝东北边境相对安定。但朝鲜之役改变了这一局面。为了援朝抗日，明朝征调了当时最为精锐的军队，其中自然包括当时作战最为勇猛、距离朝鲜半岛最近的辽东军队。万历二十年（1592）十月，李成梁的儿子李如松充任提督蓟辽、保定、山东等处防海御倭总兵官，率领辽东最为精锐的骑兵进入朝鲜。明军最初取得平壤大捷，但此后由于轻敌，在碧蹄馆遭遇失利。根据日方的记载，在此次战役中，明军损失了一万多人，*不管这一数字是否属实，但不可否认的是，李氏家族长期培养的最为敢战的家丁卫队，几乎战死殆尽。经此一役，辽东军队的战斗力被严重削弱，对于东北地区的控制大为减弱，这便给努尔哈赤的崛起提供了历史空间。万历后期，建州女真首领努尔哈赤以"七大恨"作为号召，重新恢复"金"的国号，掀起了反明战争。

---

* 《日本外战史》等史料皆持此说，《日本战史·朝鲜役》则称明军损失六千余人。可以肯定的是，日方这两种记载均有夸大失实之处。——编者注

内外交困的明朝

万历朝廷为平灭女真叛乱，再次发动战争，但由于国家财政在之前包括朝鲜之役的边疆战事中严重消耗，于是只能加赋，因为所加赋税是用于辽东的军费，故名"辽饷"。加派赋税对于已经灾荒频发的明朝社会来讲，影响很大；对于灾荒程度尤重的陕北地区来讲，影响更大。在这种时代背景下，榆林南部、延安地区的军民，作为长城边防体系的边缘群体，不仅待遇最先遭受了削减，而且还承受严重的赋役负担，最终在天灾人祸下发起"叛乱"，从而与后金一内一外，共同侵蚀、瓦解了明朝的统治肌体。

相对而言，明朝将军事重点用于对后金的战争之上，不仅调遣精兵良将，而且徐光启、孙元化等人，积极吸收西欧传来的军事技术和火器，并加以改良，将之运用到辽东战场之上。与这一时期的西欧相比，明朝末年的军事技术和武器装备尚不落下风，不仅鸟铳被普遍使用，而且据黄一农的研究，经孙元化改良之后的火炮，射程远、耐高热，是当时世界上最先进的火炮之一。[7]

虽然灾荒成为压垮明朝财政体系的最后一根稻草，但面对生态环境的挑战，明朝仍有一定的余地进行应对。崇祯帝采取的对内、对外同时开战政策，严重削弱了明军集中打击的军事能力，往往是此处战争初有起色，军队便被调往另一战场。甚至在明末农民军已然席卷北方地区时，崇祯帝仍在明朝"以武立国"的军事光环下，在明朝"华夷之辨"的时代氛围中，拒绝像两宋那样与后金讲和，最终完全陷于被动境地，无力回天。

火炮与明清易代

与以往我们所想象的场景不同，热兵器已运用于明清战争，包括大炮、碗口铳、鸟铳等在内的火器，已经大量出现在战场之上。伴随"大航海时代"的开启，葡萄牙人开始将火器贩运至亚洲世界。由于靠近海域，越南、缅甸、日本都率先获得了欧洲火绳枪，并加以改良。与之不同，明朝由于长期掌握了交趾火器技术，最初对于西洋火器并不热衷。但与葡萄牙人接触增多后，明朝逐渐购买了更为先进的佛郎机大炮，并加以改良。在朝鲜之役中，明军与日军便主要借助改良后的火器技术展开作战。日军一方的火绳枪更为先进，而明军一方火炮更为先进。

火炮在战争运用中，利弊十分明显。当时的火炮，不仅体量巨大，移动不便；而且装弹费时，不便于快速发射。因此，在辽东战场上，虽然明军拥有火炮，但在野战之时，未能占据武器上的优势。另一方面，火炮在守城之时，却可以利用威力巨大的特点，向密集的攻城军队发起攻击，取得最大化的炸伤效果。天启六年（1626）正月，努尔哈赤率军进攻宁远卫，袁崇焕便利用架设于城墙之上的火炮轰击女真军队，女真军队用于攻城的楯车等器械根本无力抵御火炮，遭受重创，被迫撤军。[8]努尔哈赤也被炸伤，最终伤重而死，袁崇焕由此取得了宁远大捷。

凭借宁远大捷，袁崇焕成为明末最为著名的军事统帅。崇祯帝即位之后，急于收复辽东，于是将袁崇焕召回京师，询问平辽之策。了解到崇祯帝的迫切心情后，袁崇焕十分冒失地提出五年收复辽东的战略计划。崇祯帝十分高兴，于是赐予他尚方宝剑，全权处理复辽事宜。对于自己的贸然允诺，袁崇焕后来有所懊悔，但也不便更改。回到宁远后，袁崇焕开始从整体上布置复辽方案。由于掌握着尚方宝剑，辽东将领都听命于袁崇焕，但只有一个人，保持了相对自主的态度。他便是毛文龙。

毛文龙曾经参与朝鲜之役，战争结束之后，他盘桓于辽东。辽东被女真军队攻占后，他率部进入东亚海域，在皮岛（今朝鲜椵岛）之上安营扎寨，不时从海道偷袭女真，发挥了很大的战略牵制作用。明朝在此专门设立了东江镇，委任毛文龙为总兵官。皮岛经济条件很差，毛文龙军队主要依赖朝廷供应物资，最初尚借助来自铁山（今朝鲜铁山郡）的经济支持。不过后来由于铁山经营十分困难，总兵驻所移于皮岛以东的身弥岛。毛文龙凭借皮岛在东北亚的枢纽地位，开展走私贸易，购买了大量火器，尤其是火炮。毛文龙专制一方，权力很大，不仅有熹宗赐给的尚方宝剑，而且可以自主委任将领，从而将东江镇建设为自己的私人地盘，对于辽西明军的指令，经常采取阳奉阴违的推诿态度。因此，毛文龙势必会与袁崇焕产生矛盾。

袁崇焕鉴于毛文龙脱离于他的复辽计划之外，为树立权威，亲自到皮岛之上，借机用尚方宝剑将他斩杀。虽然袁崇焕表示了对毛文龙余部的宽赦，但以孔有德、耿忠明、尚可喜为首的毛文龙余部，最终仍然叛逃到清军一方。在投诚的同时，三人将东江镇、登莱镇最为先进的火器技术，尤其是火炮技术，带给了清人。皇太极对此十分高兴，亲自到帐外迎接，将三人封为恭顺王、怀顺王、智顺王。清军在辽东战场之上，虽然能够取得运动战的胜利，但在攻城之时，面临着巨大困难。而毛文龙余部带过去的火炮技术，使清军能造出同明朝一样的火炮，火炮成为他们攻占辽西、入主中原的强大武器。

内敛国策的苦果

历史不是没有给过崇祯帝机会，明末也并非没有良臣名将，但在晚明党争风气影响之下的崇祯帝，对于文武官员都缺乏信任，甚至开始重用他起初十分防范的宦官，杀掉袁崇焕、逼迫孙传庭出关，分别是辽东战争、内地战场导致失败的胜负手。

而在李自成的农民军直扑北京，政权即将灭亡的时刻，崇祯帝仍然犹豫不决，左都御史李邦华、右庶子李明睿劝他南下，或者先遣太子到南京，这些提议都被他拒绝，最终导致在北京城破，崇祯帝自缢煤山之后，全国顿时呈现一盘散沙的局面。各路藩王先后建立了弘光政权、鲁王政权、隆武政权、绍武政权、永历政权等。但不同政权之间互相敌视，彼此之间不断发生战争；而各政权内部由于也延续了党争习气，政治向心力较差，大多政权存在时间很短。而反过来，这些政权的军队一旦被清朝收编，则重现焕发出了强大的战斗力，成为清朝统一中国的重要力量。

在这之中，永历政权生存时间最长，存在了将近二十年。之所以如此，一方面是因为其得到了李定国农民军的坚定支持，另一方面是因为明朝对西南边疆的长期经营，为永历政权提供了十分广阔且相对稳定的地理空间。

可见，明朝内敛的疆域政策，促使明朝在边疆地区一直面对各种族群的挑战，长期对明朝构成了军事威胁，并形成了沉重的负担。明后期，"伊斯兰扩张""大航海时代"已经开始威胁明朝的边缘地区，催动以明朝为核心和主宰的"中华亚洲秩序"逐渐瓦解。而在晚明时期，长城边疆内外的叛乱人群，进一步从两个方向，彻底灭亡了明朝。而其中女真的崛起更是借助了新式火器技术，反映出近代世界的历史浪潮，已经开始席卷明朝本土，推从明朝成为"十七世纪危机"中的一个历史环节。

注 释

一

1　［明］何乔远:《名山藏》卷四三《天因记·韩林儿》,《明代传记丛刊》,第627页。
2　［明］叶子奇:《草木子》卷三上《克谨篇》,第51页。
3　［明］朱元璋:《宝训》卷一《经国》,载张德信、毛佩琦主编:《洪武御制全书》,第435页。
4　李新峰:《邵荣事迹钩沉》,《北大史学》第八辑。
5　［明］朱元璋:《皇明祖训·祖训首章》,载吴相湘主编:《明朝开国文献》,第1588—1589页。
6　同上,第1589页。

二

1　［明］刘辰:《国初事迹》。载［明］邓士龙辑:《国朝典故》卷四,第86页。
2　《明史》卷三〇八《奸臣·胡惟庸传》,第7906页。
3　同上,第7908页。
4　［汉］公羊寿撰,［汉］何休解诂,［唐］徐彦疏:《春秋公羊传注疏》卷一《隐公元年》,第29页。
5　《晋书》卷五二《华谭传》,第1450页。
6　《明太祖实录》卷二六,吴元年冬十月丙寅,第402页。
7　《明太祖实录》卷二三九,洪武二十八年六月己丑,第3478页。
8　《明史》卷二《太祖纪二》,第33页。
9　［明］朱元璋:《皇明祖训·祖训首章》,载吴相湘主编:《明朝开国文献》,第

注　释　　273

1586—1587页。

10 《明太祖实录》卷一二九，洪武十三年正月己亥，第2049页。

11 [明]佚名：《皇明诏令》卷二《罢中书省及都府诏》，第120—121页。

12 《明史》卷七二《职官志一》，第1729页。

13 [清]黄宗羲：《明夷待访录·置相》，第7页。

三

1 [明]张岱：《陶庵梦忆》卷一《报恩塔》，第2页。

2 [明]金幼孜：《北征录》，载《明代蒙古汉籍史料汇编》第一辑，第33页。

四

1 [清]钱谦益：《国初群雄事略》卷四《汉陈友谅》，第89页。

2 《大明律》卷一五《兵律三·关津·私出外境及违禁下海》，第119页。

3 《明太宗实录》卷一〇上，洪武三十五年七月壬午，第149页。洪武三十五年即建文四年。

4 《明太宗实录》卷二七，永乐二年正月辛酉，第498页。

5 [明]黄省曾著，谢方校注：《西洋朝贡典录校注》卷上《三佛齐国》，第36页。

6 纪念伟大航海家郑和下西洋580周年筹备委员会、中国航海史研究会编：《郑和家世资料》，第2页。

7 [明]巩珍：《西洋番国志》附录二《天妃神灵应记》，第53页。

8 [明]费信著，冯承钧校注：《星槎胜览校注·序》，第1页。

9 [明]刘大夏：《刘大夏集》卷七《年谱》，第119页。

五

1 《明太宗实录》卷六九，永乐五年七月乙卯，第970页。

2 [明]杨士奇：《东里别集·圣谕录》卷中，第403—404页。

3 [明]杨士奇：《东里文集》卷一九《故少师吏部尚书赠特进光禄大夫太师谥忠定蹇公墓志铭》，第279页。

4 [明]夏原吉：《忠靖集》附录《夏忠靖公遗事》，第553页。

5 《明史》卷一一三《后妃一·仁宗诚孝张皇后传》，第3512页。

6 《明史》卷一一三《后妃传一》，3503页。

7 《明宣宗实录》卷一一五，宣德十年正月乙亥，第2598页。

8 ［明］沈德符：《万历野获编》补遗卷二《内阁·正德三相之去》，第829页。

9 《明史》卷七二《职官志一·内阁》，第1734页。

六

1 《明史》卷二《太祖纪二》，第23页。

2 《明太祖实录》卷三一，洪武元年三月丙辰，第552页。

3 《明史》卷三〇四《宦官传一》，第7765页。

4 李洵：《明代内阁与司礼监的结构关系——明代官僚政治研究专题之一》，载李洵：《下学集》，139页。

5 《明史》卷三〇四《宦官传一》，第7766页。

6 《明史》卷三〇四《宦官一·何鼎传》，第7783页。

7 《明史》卷三〇四《宦官传一》，第7766页。

8 《明史》卷三〇四《宦官一·刘瑾传》："其年夏，御道有匿名书诋瑾所行事，瑾矫旨召百官跪奉天门下。瑾立门左诘责，日暮收五品以下官尽下狱……而主事何钫、顺天推官周臣、进士陆伸已毙死。是日酷暑，太监李荣以冰瓜啖群臣，瑾恶之。太监黄伟愤甚，谓诸臣曰：'书所言皆为国为民事，挺身自承，虽死不失为好男子，奈何枉累他人。'瑾怒，即日勒荣闲住，而逐伟南京。"第7789页。

9 《明史》卷七四《职官志一·宦官》，第1826页。

10 《明史》卷一六四《黄泽传》，第4441页。

11 ［明］尹直：《謇斋琐缀录》卷一："逐日票查，如一事不由内阁，出自振，即召至廷，诘责之，甚到加刃其颈。箝制若此，振安得而擅专一事哉！"载［明］邓士龙辑：《国朝典故》卷五三，第1257页。

12 ［清］谷应泰：《明史纪事本末》卷二九《王振用事》，第449页。

13 《明史》卷一六二《刘球传》："初，球言麓川事，振固已衔之……会璘疏上，振遂指球同谋，并逮下诏狱，属指挥马顺杀球。顺深夜携一小校持刀至球所……颈断，体犹植。遂支解之，瘗狱户下。"第4406页。

注　释

14 《明史》卷二八二《儒林一·薛瑄传》："都御史王文承振旨,诬瑄及左、右少卿贺祖嗣、顾惟敬等故出人罪,振复讽言官劾瑄等受贿,并下狱。论瑄死,祖嗣等末减有差。系狱待决……振苍头忽泣于爨下。问故,泣益悲,曰:'闻今日薛夫子将刑也。'振大感动。会刑科三覆奏,兵部侍郎王伟亦申救,乃免。"第7228—7229页。

15 《明史》卷三〇四《宦官一·王振传》,第7774页。

16 [清]于敏中等编:《日下旧闻考》卷一〇四《郊坰·西十四》,第1723页。

17 [明]胡濙:《敕赐法海禅寺碑记》,载胡丹辑考:《明代宦官史料长编》卷四上,第266页。

18 [明]王直:《法海禅寺记》,载胡丹辑考:《明代宦官史料长编》卷四上,第265—266页。

19 [明]胡濙:《敕赐法海禅寺碑记》,载胡丹辑考:《明代宦官史料长编》卷四上,第266页。

七

1 李新峰:《土木之战志疑》,《明史研究》第六辑,1999年;罗冬阳:《土木之变史事考——兼论明清历史书写中的宦官话语》,《社会科学战线》2014年第1期。

2 《明史》卷一七三《杨洪传》,第4607—4608页。

3 [清]谈迁:《国榷》卷二七《英宗正统十四年》,第1779页。

4 《明史》卷一七三《石亨传》,第4614页。

5 [清]谈迁:《国榷》卷三三《英宗天顺四年》,第2099页。

6 同上,第2099—2100页。

7 同上,第2100页。

8 《明英宗实录》卷一八八,景泰元年闰正月甲戌:"也先……合人马计有九万,战死及役死已不下万余。"第3859页。

八

1 [明]王锜:《寓圃杂记》卷一《胡皇后》:"宣宗胡皇后无子,宫中(一云纪氏)有子(英宗),孙贵妃攘为己子,遂得册为皇后,而废胡为仙姑。"第3页。

2　［明］黄景昉：《国史唯疑》卷三："宣庙初废胡后，立孙后。传英宗为后宫人出，孙后取子之，迄尊为太后……无敢言母宫人谁者。孙太后崩，钱皇后始白其状。"第85页。

3　《明英宗实录》卷一八一，正统十四年八月丙子，第3534页。

4　《明史》卷一六九《王直传》："帝不悦……太监兴安匍匐出呼曰：'若等固欲遣使，有文天祥、富弼其人乎？'直大言曰：'廷臣惟天子使，既食其禄，敢辞难乎！'言之再，声色愈厉。"第4539页。

5　《明史》卷一七〇《于谦传》，第4548页。

6　［清］谈迁：《国榷》卷三三《英宗天顺元年》，第2051页。

7　［明］王锜：《寓圃杂记》卷一《景泰帝上宾》，第5页。

8　《明英宗实录》卷二七四，天顺元年正月丁亥："提督操练右都御史罗通奏：'……正月十六日黄昏时，亨遣人来约，明日四更时至朝房相会。臣闻知十七日蚤欲拿总兵官石亨并臣等，即于本夜三更时，会亨在朝房，亨报只宜蚤下乎，臣遂同亨等领军进南城，以成大功。'"第5805—5806页。

9　［明］于冕：《先肃愍公行状》，载［明］于谦：《于谦集》，第681页。

10　同上，第682页。

11　［明］叶盛：《水东日记》卷五《英庙友爱至德》，第53页。

12　［明］陆钎：《病逸漫记》，第175页。

13　［明］祝允明：《野记》三："英庙一日入内帑，问太监刘桓曰：'记得有一玉玲珑系腰，今何在？'桓言景帝取入，今当在汪所。上遣问汪，汪曰：'无之。'又问，对如初……逮英宗崩后，汪稍稍言于人，带实有之……其二番索时，实怒而击碎，悉沉之井中也。"载［明］邓士龙辑：《国朝典故》卷三三，第548—549页。

14　［明］祝允明：《野记》三，载［明］邓士龙辑：《国朝典故》卷三三，第548页。

15　［明］沈德符：《万历野获编》卷三《宫闱·万贵妃》，第84页。

九

1　《明宪宗实录》卷三〇，成化二年五月辛卯，第603页。

2　《明英宗实录》卷一九四，景泰元年七月癸亥："宥守备怀来等处都指挥杨信等罪。先是，朝廷遣官军运粮赴怀来、永宁两处，敕信及居庸关都指挥夏忠各领军马护送。信等护送行十余里，闻炮响，信即奔还怀来，忠亦走归居庸，委馈运军士于道。"第4093—4094页。

3　《明宪宗实录》卷七七，成化六年三月辛卯："巡抚延绥等处左副都御史王锐陈言边事……谓榆林一带营堡其空隙之地，宜筑为边墙，以为拒守。其墙于墩外修筑址，广一丈，杀其上为七尺，上为垛口五尺，共高丈八尺，上积礌石，于墩下各筑小堡，可容官军护守。虽暂劳人力，而得以永为边备……上曰：'添筑城堡，正系守边急务，其令镇守等官参酌举行，务期成功。'"第1491—1492页。

4　《明宪宗实录》卷七八，成化六年四月乙亥，第1522页。

5　《明宪宗实录》卷九三，成化七年七月乙亥，第1782页。

6　《明宪宗实录》卷一〇二，成化八年三月戊戌，第1980页。

7　《明宪宗实录》卷一〇八，成化八年三月癸丑，第2109页。

8　同上，第2110页。

9　同上，成化八年九月癸亥，第2120页。

10　《明宪宗实录》卷一〇九，成化八年十月丁丑，第2124页。

11　[明] 郑晓：《吾学编·皇明大政记》卷一，第136页。

12　《明宪宗实录》卷七九，成化六年五月癸巳："巡抚陕西右副都御史马文升奏：'陕西三边榆林最为要害……每我出兵，房辄遁去，徒费粮刍；为今之计，诚莫有过于选将练兵，丰财足食者也。请敕该部会计榆林各堡一岁应用粮刍若干，或借拨于邻近布政司，或别行设法措置……则军民免转输之劳，地方无惊疑之患。'"第1540—1541页。

13　《明史》卷九一《兵志三·边防》，第2238页。

14　（康熙）《延绥镇志》卷一之四《风俗》，第306页。

十

1　[明] 钱德洪：《王阳明年谱》一，载 [明] 王守仁：《王阳明全集》卷三三，第1221页。

2　同上，第1224页。

3　《明史》卷一九五《王守仁传》："[忠、泰] 轻守仁文士，强之射。徐起，三发三中。京军皆欢呼，忠、泰益沮。"第5156页。

4　［明］钱德洪:《王阳明年谱》一,载［明］王守仁:《王阳明全集》卷三三,第1228页。

5　同上,第1292页。

6　同上,第1307页。

7　同上,第1324页。

十一

1　李洵:《正德皇帝大传》,第20—32页。

2　［明］杨廷和:《杨文忠三录》卷三《视草余录》,第808页。

3　［明］孙志仁:《特进光禄大夫左柱国少师兼太子太师吏部尚书华盖殿大学士赠太保谥文忠杨公廷和行状》。载［明］焦竑:《国朝献征录》卷一五《内阁四》,第487页。

4　［明］杨廷和:《杨文忠三录》卷三《视草余录》,第816页。

5　《明史》卷一六《武宗纪》,第212页。

6　《明武宗实录》卷一九七,正德十六年三月丙寅,第3680—3681页。

7　［清］谷应泰:《明史纪事本末》卷五〇《大礼议》,第735页。

8　同上,第736页。

9　同上,第737页。

10　同上。

11　同上,第737—738页。

12　同上,第738页。

13　同上,第739页。

14　同上,第741页。

15　同上,第742页。

16　同上,第743页。

17　同上,第745页。

18　［清］谷应泰:《明史纪事本末》卷五〇《大礼议》,第749页;《明史》卷一三〇《郭勋传》,第3823页。

19　［清］谷应泰:《明史纪事本末》卷五〇《大礼议》,第751页、第753页。

20　［明］杨一清:《杨一清集》附录一《明伦大典后序》,第1116页。

21 ［明］王世贞：《嘉靖以来首辅传》卷一《杨一清传》，台北：商务印书馆，1986年，第436页。

22 《明史》卷一九八《杨一清传》，第5230页。

23 ［明］杨一清：《杨一清集·督府稿·与致仕乔白岩太宰》，第1078页。

十二

1 《明史》卷二〇五《胡宗宪传》，第5410页。

2 ［明］许孚远：《敬和堂集·疏通海禁疏》，载［明］陈子龙辑：《明经世文编》卷四〇〇，第4333页。

3 ［明］王琼：《北虏事迹》，第621页。

4 ［清］顾祖禹：《读史方舆纪要》卷四四《山西·大同府·青山》，第2006页。

5 《明史》卷二〇九《沈錬传》，第5535页。

6 ［明］佚名：《赵全谳牍》，载《明代蒙古汉籍史料汇编》第二辑，第110页。

7 ［明］方逢时：《大隐楼集》卷一六《云中处降录》，第266—267页。

8 《明世宗实录》卷四八六，嘉靖三十九年七月庚午，第8100页。

9 ［明］韩邦奇：《韩邦奇集·苑洛集》卷一六《钦遵敕谕因时察势益兵据险以防敌患以卫中华事》，第1659页。

10 ［明］瞿九思：《万历武功录》卷七《俺答列传中》："［嘉靖］四十四年，［赵］全与李自馨、张彦文、刘天麒僭称俺答为皇帝，驱我汉人修大板升城，创起长朝殿九重，期五月既望日上梁，焚楮赞呼万岁，如汉天子礼。"第445页。

11 李漪云：《"大明金国"考》，《内蒙古社会科学》1982年第6期。

12 ［明］佚名：《赵全谳牍》，载《明代蒙古汉籍史料汇编》第二辑，第110页。

13 ［明］方逢时：《大隐楼集》卷一六《云中处降录》，第267页。

14 ［明］佚名：《赵全谳牍》，载《明代蒙古汉籍史料汇编》第二辑，第110页。

15 胡钟达：《明与北元——蒙古关系之探讨》，《内蒙古社会科学》1984年第5期。

十三

1 《明史》卷三〇〇《外戚·李伟传》，第7679页。

2 《明史》卷一一四《后妃二·孝定李太后传》，第3534—3535页。

3　《明史》卷一一四《后妃二·孝安陈皇后传》，第3534页。

4　《明史》卷一一四《后妃二·孝定李太后传》，第3535页。

5　《明史》卷二一三《张居正传》，第5646—5647页。

6　[明]于慎行：《谷山笔麈》卷二《纪述二》，第19页。

7　[清]谷应泰：《明史纪事本末》卷六一《江陵秉政》，第939页。

8　《明史》卷二一三《张居正传》，第5645页。

9　《明史》卷七八《食货志二·赋役》，第1902页。

10　[清]谷应泰：《明史纪事本末》卷六一《江陵秉政》，第958页。

11　《明史》卷二一三《张居正传》，第5649页。

12　《明史》卷二一三《张居正传》："帝命司礼张诚及侍郎丘橓偕锦衣指挥、给事中籍居正家。诚等将至，荆州守令先期录人口，锢其门，子女多遁避空室中。比门启，饿死者十余辈。"第5651页。

13　《明史》卷一一四《后妃二·孝定李太后传》："光宗之未册立也，给事中姜应麟等疏请被谪，太后闻之弗善。一日，帝入侍，太后问故。帝曰：'彼都人子也。'太后大怒曰：'尔亦都人子！'帝惶恐，伏地不敢起。盖内廷呼宫人曰'都人'，太后亦由宫人进，故云。光宗由是得立。"第3535页。

14　《明史》卷二一《神宗纪二》，第295页。

十四

1　《明史》卷二三一《顾宪成传》，第6032页。

2　[清]黄宗羲：《明儒学案》卷五八《东林学案一·端文顾泾阳先生宪成》，第615页。

3　[清]谈迁：《国榷》卷八一《神宗万历三十九年》，第5033页。

4　[清]盛枫：《嘉禾征献录》卷一一《刘廷元》，第465页。

5　《明史》卷二四四《杨涟传》，第6320页。

6　《明史》卷二四〇《韩爌传》，第6244页。

7　[明]文秉：《先拨志始》卷上，第32页。

8　《明史》卷二五六，第6616页。

9　[明]刘若愚：《酌中志》卷一四《客魏始末纪略》，第68页。

注　释

281

10 《明史》卷三〇五《宦官二·魏忠贤传》："帝性机巧，好亲斧锯髹漆之事，积岁不倦。每引绳削墨时，忠贤辈辄奏事。帝厌之，谬曰：'朕已悉矣，汝辈好为之。'"第7824页。

11 《明史》卷三〇六《阉党·阎鸣泰传》，第7869页。

12 《明史》卷三〇五《宦官二·魏忠贤传》，第7823页。

13 《明史》卷二二《熹宗纪》，第306页。

14 《明史》卷二四五《万燝传》："忠贤自营坟墓，其规制弘敞，拟于陵寝。前列生祠，又前建佛宇，璇题耀日，珠网悬星，费金钱几百万。"第6367页。

15 [清]蒋良骐：《东华录》卷一八，康熙四十年五月，第298页。

十五

1 [清]顾炎武：《天下郡国利病书》，第588页。

2 《明太祖实录》卷一四，甲辰年四月己酉，第193页。

3 [明]赵世卿：《赵司农奏议·关税亏减疏》，载[明]陈子龙辑：《明经世文编》卷四一一，第4458页。

4 [明]萧良干：《拙斋十议·河西钞关议》，第23页。

5 [明]叶向高：《后纶扉尺牍》卷五《答李懋明》，第649页。

6 赵轶峰：《试论明代货币制度的演变及其历史影响》，《东北师范大学学报》（哲学社会科学版）1985年第4期。

7 《明神宗实录》卷三六一，万历二十九年七月丁未，第6741页。

8 如明代文人张溥的《五人墓碑记》就记载了苏州市民反抗阉党的事迹："五人者，盖当蓼洲周公之被逮，激于义而死焉者也……予犹记周公之被逮，在丙寅三月之望。吾社之行为士先者，为之声义，敛赀财以送其行，哭声震动天地。缇骑按剑而前，问：'谁为哀者？'众不能堪，抶而仆之。是时以大中丞抚吴者为魏之私人毛一鹭，公之逮所由使也；吴之民方痛心焉，于是乘其厉声以呵，则噪而相逐。中丞匿于溷藩以免。既而以吴民之乱请于朝，按诛五人，曰颜佩韦、杨念如、马杰、沈扬、周文元，即今之傫然在墓者也。"见[明]张溥：《七录斋合集》卷一一，第220页。

9 [明]李贽：《焚书》卷一《答耿司寇》，第30页。

10 [美]爱德华·W.苏贾：《后现代地理学——重申批判社会理论中的空间》，第6页。

11 参见李伯重：《"天"亡大明：环境史与全球史视野中的明清易代》，《灾害与历史》第一辑。

十六

1 ［清］万斯同：《明史》卷三八《五行志一·疫疾》，第541页。
2 《明神宗实录》卷五五八，万历四十五年六月乙巳，第10527页。
3 《明宪宗实录》卷二二五，成化十八年三月丁丑："山西连遭荒歉，疫疠流行，死亡无数。"第3863页。(雍正)《泽州府志》卷五〇《祥异》："［成化］二十年，泽州、高平、阳城大饥，民多疫死，生者至相食。"第1196页。(乾隆)《潞安府志》卷一一《纪事》："［成化］二十三年，岁荐饥，瘟疫大作，饿殍盈野，事闻，遣大臣赈济。"第143页。
4 ［清］刘尚友：《定思小记》，第65页。
5 (康熙)《通州志》卷一一《灾祥》，第599页。
6 (乾隆)《潞安府志》卷一一《纪事》，第146页。
7 ［明］徐树丕：《识小录》卷四《甲申奇疫》："初，京师有疙瘩瘟，因人身必有血块，故名。"载孙毓修编：《涵芬楼秘笈》第一册，第911页。［清］刘尚友：《定思小记》："夏秋大疫，人偶生一赘肉隆起，数刻立死，谓之疙瘩瘟。都人患此者十四五。至春间又有呕血者，亦半日死，或一家数人并死。"第65页。［清］周扬俊：《温热暑疫全书》卷四："疙瘩瘟者，发块如瘤，遍身流走，旦发夕死者是也。"第22页。
8 ［清］周扬俊：《温热暑疫全书》卷四："瓜瓤瘟者，胸高肋起，呕血如汁者是也。"第21页。［明］吴有性：《瘟疫论》卷下《杂气论》："或时众人目赤肿痛，或时众人呕血暴下，俗名为瓜瓤瘟、探头瘟是也。"载曹炳章编：《中国医学大成》第十三集，第2页。
9 ［明］徐树丕：《识小录》卷四《甲申奇疫》，第911页。
10 ［清］魏之琇：《续名医类案》卷五《疫》，第232页。
11 ［清］刘景伯：《蜀龟鉴》卷四，载陈力主编：《中国野史集粹》第二册，第197页。
12 ［明］徐树丕：《识小录》卷四《甲申奇疫》，第911—912页。
13 ［清］刘景伯：《蜀龟鉴》卷三，载陈力主编：《中国野史集粹》第二册，第179页。
14 ［清］吴伟业：《绥寇纪略》卷一二《虞渊沉上》，第359—360页。

注 释

15 〔明〕徐树丕:《识小录》卷四《甲申奇疫》,第912页。

16 〔清〕刘景伯:《蜀龟鉴》卷三,载陈力主编:《中国野史集粹》第二册,第197页。

17 〔清〕许起:《珊瑚舌雕谈初笔》卷七《羊毛痧》,第584—585页。

18 〔清〕张璐:《张氏医通》卷二《伤寒》,第12页。

19 〔明〕吴有性:《瘟疫论》卷下《杂气论》,第2页。

20 余伯陶:《鼠疫抉微》卷一《辨症浅说》,载曹炳章编:《中国医学大成》第十七集,第2页。

21 伍连德:《鼠疫概论》,第14页。

22 〔清〕王士雄:《温热经纬》卷四《薛生白湿热病篇雄》,第163页。

23 〔清〕王士雄:《随息居重订霍乱论》卷二《刺法》:"崇祯十六年,有疙瘩瘟、羊毛瘟等疫,呼病即亡,不留片刻,八、九两月,死者数百万。十月间,有闽人晓解病由,看膝弯后有筋突起,紫色无救,红则速刺,出血可活。至霜雪渐繁,势始渐杀。"第39—40页。

24 〔清〕桂馥:《未谷诗集》卷四《天灯》,第631页。

25 〔清〕许起:《珊瑚舌雕谈初笔》卷七《羊毛痧》,第585页。

26 曹树基、李玉尚:《鼠疫:战争与和平——中国的环境与社会变迁(1230—1960年)》,第39页。

十七

1 《明史》卷二四《庄烈帝纪二》,第335页。

2 同上。

3 〔明〕李清:《三垣笔记》附识中《崇祯》,第221页。

4 〔清〕谈迁:《国榷》卷一〇〇《思宗崇祯十七年》,第6034页。

5 《明史》卷二四《庄烈帝纪二》,第335页。

6 《明史》卷二三八《李成梁传》,第6190页。

7 参见黄一农:《红夷大炮与明清战争——以火炮测准技术之演变为例》,《清华学报》1996年第1期。

8 《明史》卷二五九《袁崇焕传》:"大军进攻,戴楯穴城,矢石不能退。崇焕令闽卒罗立,发西洋巨炮,伤城外军。明日,再攻,复被却,围遂解。"第6709页。

参考文献

1. ［汉］公羊寿撰，［汉］何休解诂，［唐］徐彦疏：《春秋公羊传注疏》卷一《隐公元年》，浦卫忠整理，杨向奎审定，北京：北京大学出版社，2000年。
2. ［唐］房玄龄等：《晋书》，北京：中华书局1974年点校本。
3. ［明］叶子奇：《草木子》，《元明史料笔记丛刊》，北京：中华书局，1959年。
4. ［明］朱元璋：《皇明祖训》，载吴相湘主编：《明朝开国文献》，《中国史学丛书》影印国立北平图书馆藏本，台北：台湾学生书局，1966年。
5. ［明］朱元璋：《宝训》，载张德信、毛佩琦主编：《洪武御制全书》，合肥：黄山书社，1995年。
6. ［明］刘辰：《国初事迹》，载［明］邓士龙辑：《国朝典故》卷四，许大龄、王天有主点校，北京：北京大学出版社，1993年。
7. 《大明律》，怀效锋点校，北京：法律出版社，1998年。
8. ［明］胡广等：《明太祖实录》，台北："中央研究院"历史语言研究所1962年校印本。
9. ［明］金幼孜：《北征录》，载《明代蒙古汉籍史料汇编》第一辑，薄音湖、王雄编辑、点校，呼和浩特：内蒙古大学出版社，2006年。
10. ［明］杨士奇等：《明太宗实录》，台北："中央研究院"历史语言研究所1962年校印本。
11. ［明］杨士奇等：《明宣宗实录》，台北："中央研究院"历史语言研究所1962年校印本。
12. ［明］杨士奇：《东里文集》，北京：中华书局，1998年。
13. ［明］杨士奇：《东里别集》，北京：中华书局，1998年。
14. ［明］夏原吉：《忠靖集》，文渊阁《四库全书》，台北：商务印书馆，1983年。
15. ［明］费信著，冯承钧校注：《星槎胜览校注》，北京：中华书局，1954年。

16. [明]巩珍:《西洋番国志》,向达校注,北京:中华书局,1961年。
17. [明]于谦:《于谦集》,魏得良点校,杭州:浙江古籍出版社,2013年。
18. [明]陈文等:《明英宗实录》,台北:"中央研究院"历史语言研究所1962年校印本。
19. [明]王锜:《寓圃杂记》,《元明史料笔记丛刊》,张德信点校,北京:中华书局,1984年。
20. [明]叶盛:《水东日记》,《元明史料笔记丛刊》,魏中平点校,北京:中华书局,1980年。
21. [明]刘吉等:《明宪宗实录》,台北:"中央研究院"历史语言研究所1962年校印本。
22. [明]佚名:《皇明诏令》,《元明史料丛编》影印明嘉靖刻本,台北:文海出版社,1984年。
23. [明]尹直:《謇斋琐缀录》,载[明]邓士龙辑:《国朝典故》卷五三,许大龄、王天有主点校,北京:北京大学出版社,1993年。
24. [明]刘大夏:《刘大夏集》,刘传贵校点,长沙:岳麓书社,2009年。
25. [明]黄省曾著,谢方校注:《西洋朝贡典录校注》,《中外交通史籍丛刊》,北京:中华书局,2000年。
26. [明]王守仁:《王阳明全集》,吴光、钱明、董平、姚延福编校,上海:上海古籍出版社,1992年。
27. [明]杨廷和:《杨文忠三录》,文渊阁《四库全书》,台北:商务印书馆,1986年。
28. [明]杨一清:《杨一清集》,唐景绅、谢玉杰点校,北京:中华书局,2001年。
29. [明]王琼:《北房事迹》,《中国野史集成》影印《金声玉振集》本,成都:巴蜀书社,2000年。
30. [明]祝允明:《野记》,载[明]邓士龙辑:《国朝典故》卷三三,许大龄、王天有主点校,北京:北京大学出版社,1993年。
31. [明]陆钶:《病逸漫记》,《四库全书存目丛书》影印中国科学院图书馆藏明白鹤山房抄本,济南:齐鲁书社,1995年。
32. [明]韩邦奇:《韩邦奇集》,魏冬点校、整理,西安:西北大学出版社,2015年。
33. [明]郑晓:《吾学编》,《续修四库全书》影印国家图书馆藏明隆庆元年郑履淳刻本，上海：上海古籍出版社，2002年。

34.［明］王世贞：《嘉靖以来首辅传》，文渊阁《四库全书》，台北：商务印书馆，1986年。

35.［明］张居正等：《明世宗实录》，台北："中央研究院"历史语言研究所1962年校印本。

36.［明］方逢时：《大隐楼集》，李勤璞校注，沈阳：辽宁人民出版社，2009年。

37.［明］佚名：《赵全谳牍》，载《明代蒙古汉籍史料汇编》第二辑，薄音湖、王雄编辑点校，呼和浩特：内蒙古大学出版社，2000年。

38.［明］李贽：《焚书》，夏剑钦点校，长沙：岳麓书社，1990年。

39.［明］焦竑《国朝献征录》，《中国史学丛书》，台北：台湾学生书局，1984年。

40.［明］萧良干：《拙斋十议》，北京：中华书局，1985年。

41.［明］瞿九思：《万历武功录》，《续修四库全书》影印明万历刻本，上海：上海古籍出版社，2002年。

42.［明］沈德符：《万历野获编》，《元明史料笔记丛刊》，北京：中华书局，1959年。

43.［明］于慎行：《谷山笔麈》，《元明史料笔记丛刊》，吕景琳点校，北京：中华书局，1984年。

44.［明］叶向高等：《明神宗实录》，台北："中央研究院"历史语言研究所1962年校印本。

45.［明］叶向高：《后纶扉尺牍》，《四库禁毁书丛刊补编》影印福建师范大学图书馆藏明万历天启间递刻本，北京：北京出版社，2000年。

46.［明］何乔远：《名山藏》，《明代传记丛刊》，台北：明文书局，1986年。

47.［明］张岱：《陶庵梦忆》，杭州：西湖书社，1982年。

48.［明］刘若愚：《酌中志》，北京：北京古籍出版社，1994年。

49.［明］黄景昉著：《国史唯疑》，陈士楷、熊德基点校，上海：上海古籍出版社，2002年。

50.［明］陈子龙等选辑：《明经世文编》，北京：中华书局，1962年。

51.［明］吴有性：《瘟疫论》，载曹炳章编：《中国医学大成》，上海：上海科学技术出版社，1990年。

52.［明］文秉：《先拨志始》，北京：中华书局，1985年。

53. [明]徐树丕:《识小录》,载孙毓修编:《涵芬楼秘笈》第一册,北京:北京图书馆出版社,2000年。
54. [明]李清:《三垣笔记》,《元明史料笔记丛刊》,北京:中华书局,1982年。
55. [明]张溥:《七录斋合集》,曾肖点校,济南:齐鲁书社,2015年。
56. [清]钱谦益:《国初群雄事略》,张德信、韩志远点校,北京:中华书局,1982年。
57. [清]谈迁:《国榷》,北京:中华书局,1958年。
58. [清]顾炎武:《天下郡国利病书》,《续修四库全书》影印上海涵芬楼藏稿本,上海:上海古籍出版社,2002年。
59. [清]黄宗羲:《明夷待访录》,北京:北京古籍出版社,1955年。
60. [清]黄宗羲:《明儒学案》,上海:世界书局,1936年。
61. [清]谷应泰:《明史纪事本末》,北京:中华书局,1977年。
62. [清]顾祖禹:《读史方舆纪要》,《中国古代地理总志丛刊》,贺次君、施和金点校,北京:中华书局,2005年。
63. [清]刘景伯:《蜀龟鉴》,载陈力主编:《中国野史集粹》第二册,成都:巴蜀书社,2000年。
64. [清]许起:《珊瑚舌雕谈初笔》,《续修四库全书》影印清光绪刻本,上海:上海古籍出版社,1996年。
65. [清]周扬俊:《温热暑疫全书》,上海:上海卫生出版社,1957年。
66. [清]张淑渠:(乾隆)《潞安府志》,《中国地方志集成·山西府县志辑》影印清乾隆刻本,南京:凤凰出版社,2005年。
67. [清]万斯同:《明史》,《续修四库全书》影印国家图书馆藏清抄本,上海:上海古籍出版社,2002年。
68. [清]吴伟业:《绥寇纪略》,李学颖点校,上海:上海古籍出版社,1992年。
69. [清]谭吉璁:(康熙)《延绥镇志》,《四库全书存目丛书》影印北京大学图书馆藏清康熙乾隆增补本,济南:齐鲁书社,1997年。
70. [清]张璐:《张氏医通》,李静芳、建一校注,北京:中国中医药出版社,1995年。
71. [清]刘尚友:《定思小记》,《明末清初史料选刊》,杭州:浙江古籍出版社,1985年。
72. [清]吴存礼:(康熙)《通州志》,《中国地方志集成·北京府县志辑》影印清康熙刻本，上海：上海书店出版社，2002年。

73. ［清］张廷玉等：《明史》，北京：中华书局1974年点校本。
74. ［清］朱樟：（雍正）《泽州府志》，太原：山西古籍出版社，2001年。
75. ［清］于敏中等编：《日下旧闻考》，北京：北京古籍出版社，1985年。
76. ［清］魏之琇：《续名医类案》，《中医古籍整理丛书》，黄汉儒、蒙木荣、廖崇文点校，北京：人民卫生出版社，1997年。
77. ［清］蒋良骐：《东华录》，林树惠、傅贵九校点，北京：中华书局，1980年。
78. ［清］盛枫：《嘉禾献征录》，《续修四库全书》影印上海图书馆藏稿本，上海：上海古籍出版社，2002年。
79. ［清］王士雄：《温热经纬》，达美君、周金根、王荣根校注，北京：中国中医药出版社，2007年。
80. ［清］王士雄：《随息居重订霍乱论》，施仁潮主校，北京：中国中医药出版社，2008年。
81. ［清］桂馥：《未谷诗集》，《清代诗文集汇编》影印清道光刻本，上海：上海古籍出版社，2010年。
82. 余伯陶：《鼠疫抉微》，《中国医学大成》第六集，长沙：岳麓书社，1990年。
83. 伍连德等：《鼠疫概论》，上海：卫生署海港检疫处、上海海港检疫所，1936年。
84. 郑鹤声、郑一钧编《郑和下西洋资料汇编》，济南：齐鲁书社，1980年。
85. 纪念伟大航海家郑和下西洋580周年筹备委员会、中国航海史研究会编：《郑和家世资料》，北京：人民交通出版社，1985年。
86. 胡丹辑考：《明代宦官史料长编》，南京：凤凰出版社，2014年。
87. 赵轶峰：《试论明代货币制度的演变及其历史影响》，《东北师大学报》（哲学社会科学版）1985年第4期。
88. 李洵：《正德皇帝大传》，沈阳：辽宁教育出版社，1993年。
89. 李洵：《下学集》，北京：中国社会科学出版社，1995年。
90. 李漪云：《"大明金国"考》，《内蒙古社会科学》1982年第6期。
91. 胡钟达：《明与北元——蒙古关系之探讨》，《内蒙古社会科学》1984年第5期。
92. 黄一农：《红夷大炮与明清战争——以火炮测准技术之演变为例》，《清华学报》1996年第1期。

93. 李新峰：《土木之战志疑》，《明史研究》第六辑，1999年。
94. 李新峰：《邵荣事迹钩沉》，《北大史学》第六辑，北京：北京大学出版社，2001年。
95. 曹树基、李玉尚：《鼠疫：战争与和平——中国的环境与社会变迁（1230—1960年）》，济南：山东画报出版社，2006年。
96. 罗冬阳：《土木之变史事考——兼论明清历史书写中的宦官话语体系》，《社会科学战线》2014年第1期。
97. 李伯重：《"天"亡大明：环境史与全球史视野中的明清易代》，《灾害与历史》第一辑，北京：商务印书馆，2018年。
98. ［美］爱德华·W.苏贾：《后现代地理学——重申批判社会理论中的空间》，王文斌译，北京：商务印书馆，2004年。

以声音剑文字，分类人类的曲

天喜文化